LES REBELLES DU SOCCER

Tous pour la Coupe!

bayard
CANADA

Catalogage avant publication de Bibliothèque et Archives nationales du Québec
et Bibliothèque et Archives Canada

Roux, Paul, 1959-, auteur
Tous pour la Coupe ! / Paul Roux.
(Les rebelles du soccer ; tome 2)
Public cible : Pour les jeunes de 9 ans et plus.
ISBN 978-2-89770-161-1
I. Titre.

PS8585.O891T68 2018 jC843'.54 C2017-942423-8
PS9585.O891T68 2018

Dépôt légal – Bibliothèque et Archives nationales du Québec, 2018
Bibliothèque et Archives Canada, 2018

Direction éditoriale : Sylvie Roberge
Direction littéraire et artistique : Thomas Campbell
Révision : Véronique Desjardins
Illustration de la couverture : Paul Roux
Conception de la couverture : Dorian Danielsen
Mise en pages de l'intérieur : Marquis Interscript

Financé par le gouvernement du Canada | Canada

Conseil des arts du Canada Canada Council for the Arts

Nous remercions le Conseil des arts du Canada de l'aide accordée
à notre programme de publication.

Cet ouvrage a été publié avec le soutien de la SODEC.
Gouvernement du Québec – Programme de crédit d'impôt pour l'édition de livres –
Gestion SODEC.

bayard CANADA

Bayard Canada Livres
4475, rue Frontenac, Montréal (Québec) Canada H2H 2S2
edition@bayardcanada.com
bayardjeunesse.ca

Imprimé au Canada

Offert en version numérique
numérique 978-2-89770-162-8
bayardjeunesse.ca

À Angélique, qui a su se dépasser, et à l'équipe Mistral U12FD1 de l'été 2017 de l'Association de soccer de Gatineau.

1

La bonne et la mauvaise nouvelle

C'est la fin mars. L'hiver n'en finit pas et la neige persiste. Le ciel est gris, le vent est glacial. Malgré tout, Antoine est fou de joie. Il vient juste d'apprendre la bonne nouvelle : l'équipe des Rebelles va être reconstituée cet été. Et, cette année encore, le *coach* François la dirigera.

Le garçon contacte aussitôt ses coéquipiers.

— C'est fantastique ! s'exclame Hugo, au bout du fil. Tu as bien fait de m'appeler.

Je vais le dire à Philippe et à Martin. Ils vont être contents.

En trente minutes à peine, la nouvelle a fait le tour de la municipalité du Lac-des-Aigles. L'équipe des Rebelles est devenue une des fiertés de la ville. Une photo d'elle trône même dans l'entrée de l'hôtel de ville, accompagnée d'un article paru dans le journal local. Les joueurs ont fière allure avec leurs médailles.

Neuf des membres de l'équipe de l'été dernier sont inscrits au programme de l'académie du club de soccer du Lac-des-Aigles. Ils s'entraînent ensemble depuis l'automne, les lundis soir et les samedis après-midi.

Hugo et Antoine ont suivi ce perfectionnement. C'est aussi le cas de Philippe, Martin, Jorge, Yoann, Quang,

Anthony et Zack. Cette session hivernale leur a permis d'apprendre à mieux se connaître et à s'apprécier. Il y a beaucoup plus de complicité entre eux, une plus grande chimie et, surtout, plus de passes. Il est évident qu'ils ont encore plus de plaisir à jouer ensemble.

Seuls Akim et Rodrigue n'ont pas intégré le programme. Le premier parce qu'il déteste jouer à l'intérieur et que, paraît-il, ses genoux ne le supportent pas. Le second a prétexté que son style de jeu ne convient pas à la surface restreinte d'un gymnase scolaire. *Bigfoot* a besoin d'espace et de sentir ses crampons s'enfoncer dans la terre. Cette pause ne les a pas empêchés de rester en contact avec les neuf autres garçons et de les voir régulièrement.

Quant à Katerina, Charlotte et Annabelle, elles ont également suivi le programme de développement hivernal avec les filles. En combinant les joueuses des niveaux U10, U11 pré-élite et U12, le club a pu former un groupe féminin assez grand pour leur offrir la même formation. Elles s'entraînent les mercredis soir et les dimanches matin.

L'équipe est malgré tout restée soudée. Les garçons et les filles se sont retrouvés pour regarder quelques matchs de soccer à la télé. La plupart du temps chez Katerina ou chez Anthony, dont le sous-sol est équipé d'un très grand écran. En contrepartie, les autres se chargeaient d'apporter de quoi boire et grignoter.

Les quatorze joueurs de l'été dernier sont devenus une vraie bande de copains au sein de laquelle tout le monde s'apprécie et se respecte. Les Rebelles sont maintenant une équipe sur le terrain, mais aussi en dehors.

En arrivant à leur pratique, le samedi suivant, les neuf Rebelles sont excités. Ils espèrent qu'on leur donnera plus d'informations sur la prochaine saison estivale. Ils se demandent quand elle commencera et s'ils devront participer à de nouvelles évaluations. Qui fera partie de l'équipe ? Les filles reviendront-elles ? Sans Annabelle, Katerina et Charlotte, l'équipe ne serait plus la même. Ils seraient déçus. Les jeunes espèrent qu'Emilio, le *coach* qui les a entraînés pendant l'hiver, aura des réponses à leur donner.

Malheureusement, le jeune homme n'en sait rien :

— Désolé, les garçons. Je n'ai pas la moindre idée de ce qui va se passer avec votre équipe. Le club ne m'en a pas informé, car je ne m'occuperai pas des U8, cet été. Je retourne voir ma famille, au Costa Rica.

Je serai absent pendant six semaines. Il faut vérifier avec votre *coach* ou avec le club.

Emilio remarque la déception de certains joueurs :

— Un peu de patience, les gars.
Vous saurez tout sur votre prochaine saison estivale très bientôt. Mais pour l'instant, il nous reste deux séances d'entraînement pour terminer le programme d'hiver et évaluer vos progrès. Pour votre échauffement, vous allez faire six tours de gymnase. Et le dernier, en sprintant.

— Six tours ! s'exclame Jorge.

— Non, sept, papi Jorge ! réplique l'entraîneur.

Quelques-uns de ses coéquipiers lancent un regard noir au jeune Salvadorien. Personne n'aime faire des tours de gymnase ou de terrain.

Aux côtés des neuf Rebelles, sept autres garçons participent au programme. Techniquement plus faibles, ils ont peu de chances d'intégrer l'équipe de première division cet été. À part Lucien, peut-être. Grand et maigre, Lulu est combatif, persévérant et assez rapide. Sa conduite de balle n'est pas encore au point, mais sa détermination et sa vivacité lui permettent de compenser en récupérant pas mal de ballons.

Après les sept tours de gymnase, les garçons sont essoufflés. Emilio constate :

— Côté endurance, ce n'est pas fameux, les gars. C'est votre plus faible chrono de la saison. Il va falloir vous remettre en forme. Dès que la neige aura fondu, vous allez vous remettre à la course. Trois kilomètres, deux fois par semaine. Sinon, vous allez trouver ça dur cet été. Les terrains sont grands.

Il sort son téléphone et annonce une pause de cinq minutes :

— Allez tous boire de l'eau. J'ai un appel à faire. Je reviens dans deux minutes.

Les garçons reprennent leur souffle, assis ou allongés par terre, les bras en croix. Dans les gradins qui surplombent le gymnase, les parents sont amusés.

— Il les fait travailler fort, commente le père d'Anthony.

— Et ce n'est rien en comparaison de ce qui les attend, réplique la mère de Philippe. Il paraît que, cette année, les entraînements du *coach* François vont être beaucoup plus intenses.

— Un autre été bien rempli en perspective ! conclut la mère d'Antoine.

— Sûrement, ajoute le père de Hugo. Cette année, ils parlent même de participer à plusieurs nouveaux tournois. On va en passer du temps les pieds dans le gazon ! ironise-t-il en souriant.

En revenant dans le gymnase, Emilio interpelle ses joueurs. Il leur montre son cellulaire :

— Je viens d'appeler le directeur technique du club. Il m'a confirmé que, samedi prochain, votre *coach* viendra vous parler, après les évaluations du programme d'hiver. Tous les parents des joueurs concernés recevront un courriel de confirmation cette semaine.

— Super ! Merci d'avoir appelé, M'sieur ! s'exclame Zack.

— De rien, poursuit Emilio, en glissant son téléphone dans son sac. Assez discuté, c'est maintenant l'heure du match.

Il sort des dossards bleus et rouges et les répartit entre les seize joueurs. Emilio précise, assez fort pour que les parents l'entendent :

— Ce n'est pas un simple match de pratique, mais le début de votre évaluation, les gars. Essayez d'appliquer le plus possible les techniques que vous avez apprises cet hiver. Surveillez votre placement, dosez bien vos passes et soignez votre contrôle de balle. Aujourd'hui, tout a de l'importance.

— Et pour les gardiens de but ? demande Martin.

— On fait une rotation toutes les cinq minutes. Chacun son tour. Martin, tu commences dans les buts pour les rouges. Et pour les bleus, c'est Étienne. Six contre six et deux remplaçants sur le banc. Organisez-vous, on commence dans trente secondes.

L'équipe des bleus comprend quatre Rebelles : Zack, Philippe, Quang et Yoann. Ils sont épaulés par Étienne, Lucien, Tony et Olivier.

Dans celle des rouges se trouvent les cinq autres Rebelles : Hugo, Jorge, Martin, Anthony et Antoine. Ils sont renforcés par Sylvain, Kevin et Samir.

Dès la mise au jeu, tous les jeunes se donnent à fond, stimulés par l'enjeu. Les garçons sont sérieux, appliqués et explosifs.

Les rouges mettent la pression. Hugo et Anthony sont très mobiles. Multipliant les une-deux, ils se déplacent bien dans les espaces. Hugo fait une passe en retrait à Kevin, qui renvoie aussitôt le ballon à Anthony. À son tour, il passe à Hugo qui, lancé à toute vitesse, se faufile entre les deux défenseurs. Il décoche un tir foudroyant. Étienne ne l'a même pas vu passer. C'est 1 à 0 pour les rouges.

Quelques minutes plus tard, c'est au tour de Jorge de se démarquer. Il déjoue Philippe d'un crochet vers la gauche, puis surprend Olivier d'un crochet vers la droite. Seul face à Étienne, il n'a plus qu'à pousser le ballon au fond du but. Le score est de 2 à 0.

Du côté des bleus, la frustration monte. En tentant un débordement, Zack trébuche et s'étale sur la ligne de touche. Dans un effort désespéré pour récupérer le ballon, Yoann perd à son tour l'équilibre et chute sur le dos de son ami. Les rouges profitent de la situation pour attaquer en force. Antoine passe à Sylvain, qui remet à Hugo. Ce dernier feinte, déborde sur l'aile gauche et centre vers Anthony. Une simple déviation de la balle suffit pour augmenter le score. C'est 3 à 0 pour les rouges.

Les bleus enragent.

— Il n'est pas question de se laisser dominer comme ça ! proteste Philippe, en se dirigeant vers le banc. Il faut réagir !

— Ils sont trop forts pour nous, constate Lucien. Ils veulent le ballon et ils vont le chercher. Nous, on se contente de les regarder. On n'a même pas réussi à faire un seul tir, alors qu'ils ont déjà marqué trois fois.

En se déplaçant entre Tony et Olivier avec beaucoup de facilité, Hugo démoralise un peu plus les bleus, en creusant l'écart 4 à 0.

Lorsqu'il retourne sur le terrain, Philippe est furieux. Bousculant Jorge et Samir, il passe à Lulu qui, du bout du pied, expédie le ballon au fond du but adverse. La marque est maintenant de 4 à 1 ! Les bleus reprennent confiance.

Sur sa lancée, Philippe redouble d'intensité. Le long de la ligne de touche, il déborde sur la gauche, près d'un amoncellement de matériel entassé dans le coin du gymnase.

Maintenant à la défense, Martin lui barre le chemin. Philippe essaie de l'éviter, mais, pris dans son élan, il termine sa course entre les accessoires de sport empilés le long du mur. Alors qu'il tombe sur le côté, sa jambe gauche se coince entre deux bancs. Un craquement sinistre impose soudain le silence.

2

Le retour des Rebelles

Le lendemain matin, Martin ne tient plus en place :

— Maman, est-ce que je peux téléphoner, maintenant ?

— Il est un peu tôt. C'est dimanche, attends encore un peu. Ils ne sont peut-être pas levés. Tu pourras appeler vers dix heures.

— Mais, maman…

— Martin, je sais que tu te sens mal à cause de ce qui est arrivé à Philippe, mais ce n'est pas de ta faute. Tu ne l'as même pas touché. Il n'a pas pu contrôler sa course et il est tombé tout seul. C'est un malheureux accident. Ce qui me dérange, par contre, c'est la négligence de l'école, ajoute-t-elle, contrariée. Je ne comprends pas que du matériel soit entassé à cet endroit. Ils devraient le ranger ailleurs.

Une demi-heure plus tard, le garçon appelle son ami.

— Bonjour, c'est Martin. Est-ce que je peux parler à Philippe, s'il vous plaît ?

Quelques secondes s'écoulent qui semblent interminables.

— Allo, Philippe ? Co... comment tu vas ?

— Pas vraiment bien, Martin. Je me suis cassé le tibia. Et ça fait mal !

— Oh non ! Je m'excuse, Philippe. Je ne voulais pas...

— Tu n'as rien fait de mal, Martin. Ce que j'ai tenté de faire était imprudent. Résultat : je me retrouve avec une jambe dans le plâtre. Je ne jouerai pas au soccer cet été.

— Tu ne m'en veux pas trop ? demande timidement Martin.

— Je n'ai aucune raison de t'en vouloir, mon ami. Je suis le seul responsable de ce qui m'arrive.

— Est-ce que je peux passer te voir ?

— Oui, mais pas tout de suite. Depuis hier, je suis un peu assommé par les calmants. Je vais manquer deux ou trois jours de classe. Tu pourrais venir mercredi après l'école.

— D'accord. Repose-toi bien, lui recommande Martin en raccrochant.

— Alors ? demande aussitôt sa mère.

— Philippe s'est cassé le tibia.

— Pauvre garçon ! Il va devoir porter un plâtre pour les deux prochains mois. Bonjour, les béquilles !

Réunis chez Hugo l'après-midi même, Jorge, Yoann, Antoine, Anthony et Martin sont abattus.

— C'est dommage, on perd un bon joueur, soupire Antoine.

— Philippe n'aurait jamais dû tenter ce débordement, c'était trop risqué, déclare Yoann.

— Rien qu'à y penser, j'ai mal ! s'exclame Hugo.

— Surtout que ça n'en valait pas la peine. Ce n'était qu'une pratique, ajoute Anthony. Quelqu'un a averti Zack et Quang ?

— Oui, je les ai appelés, répond Jorge. Quang est au courant, mais il ne pouvait pas venir nous rejoindre. Et je n'ai pas réussi à parler à Zack.

— On lui apprendra la nouvelle demain, à l'école, conclut Antoine.

Le samedi suivant, le 5 avril, l'entraînement n'a pas la même saveur sans Philippe.

Vers 14 h 45, les évaluations du programme d'hiver sont terminées. Plusieurs garçons rentrent chez eux. Dans le gymnase, il ne reste plus que les huit Rebelles, Lucien, et les parents dans les gradins. L'arrivée du *coach* François rassure tout le monde.

Entouré de ses joueurs, il s'empresse de prendre des nouvelles de son défenseur :

— J'ai été désolé d'apprendre ce qui est arrivé à Philippe. Vous l'avez vu cette semaine ?

— Oui, mercredi soir, répond Martin. Toute l'équipe était présente. Il était super content.

— La mère de Charlotte a fait un gâteau en forme de ballon de soccer, celle de Jorge, des biscuits aux pépites de chocolat et celle d'Akim, des baklavas, ajoute Yoann.

— On lui a apporté assez de sucre pour le bourrer d'énergie et lui faire perdre toutes ses dents, plaisante Anthony.

— C'est un beau geste de solidarité. Je suis fier de vous, dit François. C'est très bien de soutenir votre coéquipier. Et sa jambe, comment va-t-elle ?

— Sa fracture est encore douloureuse, répond Zack, mais ça va mieux. Il se déplace avec des béquilles et il a repris l'école jeudi. Il est surtout déçu de ne pas pouvoir jouer cet été.

— Ce n'est pas si sûr, reprend François. Ça prend en général deux mois pour se remettre d'une telle fracture. Cela signifie qu'on lui retirera son plâtre à la fin mai.

Après, il faut compter de quatre à six semaines pour la rééducation et la mise en forme. Si tout se passe bien, Philippe pourrait revenir au jeu vers le début ou la mi-juillet.

— Ça veut dire que sa saison de soccer n'est pas foutue ? Euh, pardon… terminée, bafouille Zack.

— Toujours aussi vif et direct, mon garçon ! s'amuse François. Non, sa saison n'est pas complètement « foutue ». Et vous pouvez lui dire qu'il garde sa place dans l'équipe. Son retour au jeu, il le fera avec nous.

— Il va vraiment être content de l'apprendre ! se réjouit Martin.

En se dirigeant vers les gradins, François ajoute :

— Passons maintenant à la raison de cette rencontre. Allons nous asseoir près de vos parents. Ce que j'ai à vous dire les concerne aussi.

Assis en demi-cercle au pied du mur, les joueurs attendent. François consulte sa montre :

— Il est 14 h 55. Ce ne sera pas long, je leur ai demandé d'arriver à 15 h.

Il a à peine terminé sa phrase que Rodrigue entre dans le gymnase. Il est suivi d'Annabelle et de Katerina, puis de Charlotte et d'Akim, accompagnés de leurs parents.

Les joueurs sont heureux de se retrouver pour enfin reformer leur équipe. Ils ont attendu ça tout l'hiver.

François consulte une nouvelle fois sa montre. Il invite les joueurs à s'asseoir avec leurs coéquipiers. Leurs parents prennent place dans les estrades.

Deux minutes plus tard, une fille portant des lunettes apparaît dans le cadre de la porte.

— Ah, te voilà, Angélique ! s'exclame François. On n'attendait plus que toi.

3

Un nouveau défi

Les joueurs et leurs parents sont installés et attentifs. François peut commencer :

— Bonjour ! lance-t-il en se frottant les mains. Je suis content de voir que tout le monde est présent, car j'ai beaucoup de choses à vous annoncer cet après-midi.

Il poursuit en consultant ses feuilles :

— Premièrement, la nouvelle que vous attendez tous : si vous êtes ici aujourd'hui, c'est que vous faites partie de l'équipe U12 de première division des Rebelles. Félicitations !

— *Yesssss !* s'exclament les joueurs.

— Pour la plupart d'entre vous, ce sera la deuxième saison. Annabelle, Charlotte, Katerina, Hugo, Antoine, Jorge, Quang, Zack, Martin, Akim, Yoann, Rodrigue et Anthony, je suis heureux de vous retrouver. De la formation de l'année dernière, il ne manquera que Philippe, qui s'est malheureusement fracturé le tibia. Mais j'ai aussi une autre nouvelle à vous annoncer. Et je sais qu'Antoine et Hugo sont déjà au courant.

Les deux garçons sourient à pleines dents, ravis.

— Hier soir, ajoute le *coach*, j'ai eu la confirmation que les parents d'Alexis reviennent de Colombie à la fin mai. Dès son retour, votre ami reprendra sa place dans l'équipe !

Les joueurs sont fous de joie.

— Alexis revient ? demande Jorge. C'est super ! Mais alors, qui va garder les buts ? Alexis ou Annabelle ?

— Moi, je vote pour Annabelle ! affirme Rodrigue, en levant la main bien haut.

— Moi aussi ! ajoute Charlotte en l'imitant.

— Je suis d'accord avec vous, confirme François, notre gardienne, c'est Annabelle. Elle est parfaitement à sa place dans les buts. Alexis sera notre gardien remplaçant. Mais c'est avant tout un très bon défenseur. Je suis certain qu'il sera très content de revenir à son poste d'origine aux côtés d'Antoine et de Martin.

D'un geste de la main, il incite ses joueurs à se calmer. Il n'a pas terminé de dévoiler la composition de l'équipe :

— Finalement, pour combler l'absence provisoire de Philippe et renforcer l'équipe, nous accueillons deux nouveaux joueurs.

François leur fait signe de se lever :

— Je vous présente Lucien, un très bon défenseur que plusieurs d'entre vous connaissent déjà. Et une toute nouvelle recrue du club, Angélique, une joueuse aux multiples talents, tant sur le plan offensif que défensif. L'équipe sera encore plus mixte cette année.

— *Cool !* murmure Katerina.

— Souhaitons la bienvenue à nos nouveaux joueurs, poursuit le *coach* en applaudissant. Lucien, peux-tu te présenter à l'équipe en nous disant un petit mot sur toi ?

Surpris, Lucien rougit et bafouille :

— Euh... Je suis né au Lac-des-Aigles. J'adore le soccer et le ski. Et je me suis entraîné tout l'hiver avec plusieurs joueurs des Rebelles. Merci de m'avoir choisi pour jouer avec vous.

François invite Angélique à faire la même chose.

— Moi, je suis née à Gatineau et on a déménagé ici en février. Je joue au soccer depuis l'âge de cinq ans, mais j'adore aussi la lecture, la musique et voyager avec mes parents. Et... euh... pour jouer, je dois porter une protection pour protéger mes lunettes de vue. C'est un peu embêtant et ça tient chaud, mais je me suis habituée. Merci de me prendre dans votre équipe.

— Merci à vous, Angélique et Lucien. On vous souhaite une bonne saison parmi nous.

Après avoir débouché sa bouteille, le *coach* prend une longue gorgée d'eau. Parents et enfants attendent la suite en silence. François veut être sûr d'avoir toute leur attention, car ce qu'il s'apprête à dire va les surprendre :

— Depuis que je suis petit, j'adore le soccer. D'abord comme joueur et, maintenant, comme entraîneur. Comme vous le savez, mon objectif est d'aider chacun d'entre vous à se développer, tant sur le plan individuel que collectif. Ce que vous ignorez, par contre, c'est que je poursuis également un autre but. J'aimerais faire évoluer le soccer.

Tout le monde se regarde sans comprendre.

— Je ne sais pas si vous l'avez remarqué, poursuit François, mais il y a deux façons de pratiquer ce sport. Appelons ça les styles masculin et féminin. Les garçons ont tendance à foncer, à mettre de la pression sur leurs adversaires et à tirer au but dès qu'ils le peuvent. Ils adorent conserver le ballon. Les filles, elles, sont plus appliquées, plus techniques et favorisent le jeu collectif. Elles font beaucoup plus de passes. La plupart des garçons sont explosifs et brillent par leurs performances individuelles. Les filles, elles, sont plus posées, plus précises et travaillent en équipe. Alors, pourquoi ne pas jumeler les deux styles de façon structurée et permanente ? Je suis persuadé que cela pourrait amener une nouvelle façon de jouer.

François interroge les joueurs et les parents du regard. Personne ne semble étonné ou dérangé par ses propos. L'année précédente, lorsque ces mêmes parents avaient appris que des filles allaient intégrer l'équipe des Rebelles, leur réaction avait été bien différente.

— Des questions ? Des commentaires ? demande François, surpris de ne pas rencontrer de résistance, mais heureux de constater que leurs idées ont évolué.

— Ce n'est pas ce que vous faites déjà avec les Rebelles ? risque la mère d'Anthony.

— Exactement, confirme le *coach*. Mais, l'été dernier, ce n'était pas par choix, mais par nécessité. Ce sont les circonstances qui nous ont obligés à mélanger filles et garçons. La différence, aujourd'hui, c'est que, avec l'accord de la fédération de soccer du Québec, j'aimerais créer une ligue compétitive mixte permanente. Une ligue officielle pour les niveaux U8 à U14, qui permettra de penser et de développer les choses autrement.

François conclut :

— Grâce à ces équipes mixtes, nous espérons renforcer l'esprit sportif et améliorer le comportement de tous les joueurs afin que la qualité du jeu collectif prime en tout temps. Et nous en profiterons tous, joueurs tout autant que spectateurs.

— C'est un gros défi ! constate le père d'Antoine. Si ça marche, ceci pourrait changer bien des choses et inciter encore plus de jeunes à jouer.

— Et c'est justement par un défi que je vous propose de commencer cette nouvelle saison, mes Rebelles.

À ces mots, les épaules se redressent, les yeux s'éclairent :

— Quel défi ? murmurent quelques joueurs.

— On va devoir jouer contre des équipes de niveau U14 ? s'inquiète Katerina.

— Les entraînements vont être plus longs et plus difficiles ? demande Zack.

— On va aller disputer des matchs au Brésil, en Espagne ou en France, comme l'équipe des U16, l'été dernier ? se réjouit Yoann.

— Rien de tout cela, s'empresse de préciser François. Nous allons participer à la création de la ligue dont je viens de vous parler. Pour préparer le terrain à cette belle innovation, les huit associations de la région ont décidé d'organiser un tournoi d'un nouveau genre. Une compétition pour équipes mixtes uniquement. La Coupe des Aigles. Et j'ai inscrit l'équipe !

— Trop *cool* ! s'exclame Akim. J'ai trop hâte !

— On va jouer contre des équipes mixtes, se réjouit Charlotte. Génial !

— Super ! ajoute Rodrigue. Nous, les équipes mixtes, ça nous connaît. Avec notre expérience de l'été dernier, nous avons déjà une longueur d'avance sur nos adversaires.

De retour chez lui, François dresse un tableau des forces dont il dispose pour le tournoi. Il espère tirer le meilleur de ses quinze joueurs pour remporter la coupe.

JOUEUR	NUMÉRO	POSITION ET QUALITÉS PRINCIPALES
Annabelle	1	*Gardienne de but. Agile. Fait de très bons dégagements.*
Rodrigue	2	*Libéro. Solide. Tire d'excellents coups francs.*
Antoine	10	*Défenseur central. Discipliné. Renforce l'esprit d'équipe.*
Martin	11	*Arrière latéral droit. Robuste. Protège bien son gardien.*

JOUEUR	NUMÉRO	POSITION ET QUALITÉS PRINCIPALES
Lucien	17	*Arrière latéral gauche. Fiable. Intercepte beaucoup de ballons.*
Yoann	19	*Milieu central offensif. Organisateur. Distribue bien le ballon.*
Zack	9	*Milieu central défensif. Tenace. N'abandonne jamais.*
Jorge	14	*Milieu gauche et défenseur. Imprévisible. Surprend ses adversaires.*
Angélique	13	*Milieu gauche. Flexible. Peut attaquer et défendre.*
Akim	15	*Milieu droit et défenseur. Efficace. Contrôle bien ses actions.*
Anthony	8	*Milieu droit. Persévérant. Couvre beaucoup de terrain.*
Katerina	12	*Ailière gauche. Infatigable. Drible très bien.*
Quang	4	*Ailier droit. Explosif. Tire de très bons corners.*
Charlotte	6	*Avant centre. Déterminée. Conserve bien le ballon.*
Hugo	7	*Avant centre. Rapide. Possède un tir puissant et précis.*

4

Les préparatifs

Dans les jours qui suivent, les parents des Rebelles sont inondés de courriels envoyés par Nicole, la mère de Charlotte.

Nommée gérante de l'équipe, elle assiste le *coach* en veillant au bon fonctionnement des communications. Son rôle est de s'assurer que l'information circule bien entre l'entraîneur, les joueurs et les parents. Grâce à une application spécialisée, SPORT+, elle gère les activités des Rebelles et tient tout le monde informé en permanence.

Et cette semaine, elle a fort à faire ! Depuis lundi, le *coach* lui transmet de nombreux documents relatifs au tournoi et à la prochaine saison estivale. Elle s'empresse de transmettre les messages aux parents des joueurs.

C'est seulement le jeudi soir que le père d'Annabelle trouve enfin le temps de lire la douzaine de courriels envoyés par Nicole.

— Voyons ce qui nous attend, Annabelle, annonce-t-il, en divisant les communiqués en deux piles. Commençons par le tournoi. Il se déroulera du 2 au 17 mai. Huit matchs en seize jours.

— Wow ! C'est un gros tournoi !

— Il mettra en compétition douze équipes mixtes de la région, réparties en trois groupes. Dans la première phase, chaque équipe devra jouer contre les trois autres et accumuler des points. Comme dans tous les autres matchs, une victoire vaudra trois points, et un match nul, un seul point.

— Donc, le nombre maximal de points qu'on peut obtenir, c'est neuf, et le nombre minimal, c'est zéro, précise Annabelle pour sa mère, qui n'est pas une grande spécialiste du soccer.

— Exact, confirme son père. Les huit meilleures équipes passeront au quart de finale, et les quatre vainqueurs s'affronteront ensuite en demi-finale. Enfin, les deux équipes gagnantes disputeront la finale.

— Et quand commence la saison régulière ? demande la mère.

— Le 24 mai, répond son mari.

— C'est bien, ça leur laissera un peu de temps pour récupérer.

Au même instant, un nouveau message s'affiche sur l'écran de l'ordinateur.

— Annabelle, ta première pratique est dans deux jours, le samedi 12 avril, de 14 h 30 à 16 h. Vous n'avez que trois semaines pour vous préparer pour le tournoi. Votre *coach* ne veut pas perdre une minute. Ça se déroulera dans le gymnase. Les terrains extérieurs ne sont pas encore praticables.

— J'ai vraiment hâte ! s'exclame Annabelle, en commençant à jongler avec son ballon.

Son père sent que sa fille a vraiment envie de jouer :

— Allons faire quelques passes à l'extérieur.

Deux jours plus tard, c'est dans l'enthousiasme et la bonne humeur que commence le premier entraînement des Rebelles. Tous sont présents : Annabelle,

Charlotte, Katerina, Angélique, Lucien, Martin, Zack, Hugo, Jorge, Akim, Yoann, Antoine, Quang, Rodrigue et Anthony. Les anciens sont heureux de reformer leur équipe gagnante de l'été dernier. Pour Angélique et Lucien, c'est un peu différent. Ils sont nouveaux et vont devoir faire leurs preuves. Ils sont intimidés par la réputation des Rebelles. C'est une bonne équipe, dirigée par un entraîneur exigeant. Ils ont peur de ne pas être à la hauteur.

François les rassure aussitôt :

— Si je vous ai invités à jouer avec nous, c'est que vous avez votre place parmi nous.

D'une voix forte, il annonce ensuite le programme du jour :

— Aujourd'hui, c'est le début de votre remise en forme. Pour ceux qui se sont entraînés cet hiver, ça ne sera pas trop difficile. Pour ceux qui ont hiberné, on va réveiller tous vos muscles !

En faisant un geste circulaire, il ajoute :

— C'est parti ! Vous me faites quinze tours de gymnase. Douze en courant, deux en vous déplaçant à reculons et le dernier en sprintant.

Loin en arrière des autres, Akim termine avec difficulté ses quinze tours de piste. Chronomètre en main, le *coach* résume la situation :

— Eh bien, mon garçon, ce n'est pas la grande forme ! Mais rassure-toi, tu n'es pas le seul. La moitié d'entre vous est en dessous de son meilleur temps de l'année dernière. Il vous faut regagner un peu d'endurance d'ici au tournoi. Pour commencer, vous allez tous courir en dehors des pratiques : jogging sur trois kilomètres, deux fois par semaine. Et c'est obligatoire !

— Deux fois ? proteste Martin. Avec les entraînements, ça fait beaucoup !

— Je sais, admet François, mais nous avons peu de temps pour nous préparer.

— Si tu veux, Martin, on pourrait courir ensemble, propose Antoine.

— Bonne idée ! répond son ami.

— Très bonne initiative, les gars, les félicite le *coach*. Ce sera plus motivant à deux. Prenez cinq minutes de pause. Allez vous hydrater. Moi, je dois parler à vos parents.

François s'éloigne en direction des gradins. Les joueurs reprennent leur souffle, adossés au mur ou assis sur les bancs. En désignant le groupe d'adultes de l'autre côté du gymnase, Lucien demande :

— Qu'est-ce que vous pensez qu'il leur dit ?

— Il leur demande de s'assurer qu'on court bien, qu'on mange bien, qu'on dort bien, répond Yoann. Bref, de nous surveiller.

— Ne l'écoute pas, il plaisante, intervient Charlotte. Il leur rappelle sûrement que, pour bien nous préparer au tournoi, il a besoin de leur aide. Il leur demande de nous encourager.

— Oui, parce que le sport, ça ne se passe pas que dans le corps, c'est aussi dans la tête ! ajoute Anthony, en imitant l'accent méridional de François.

Le groupe éclate de rire.

— Ces deux-là adorent blaguer, poursuit-elle en désignant Yoann et Anthony. Ce sont les comiques du groupe. Mais je te rassure, nous l'aimons beaucoup, notre *coach* ! Et personne ne voudrait en changer, même s'il nous fait travailler fort.

François retraverse le gymnase et rejoint ses joueurs. Il leur sourit :

— Reposés, mes champions ? Vous êtes prêts pour la suite ?

— Oui, *coach* ! répondent-ils en chœur.

— Parfait ! Vingt *burpee* et dix *push-ups* !

À la fin de l'entraînement, le *coach* surprend tout le monde en annonçant que le prochain aura lieu ailleurs.

— Vous recevrez d'ici demain l'adresse et les infos concernant cette nouvelle rencontre.

Le mercredi suivant, c'est dans une salle de sport que François retrouve ses protégés. Pour cette séance, les ballons de soccer et les chaussures à crampons ne font pas partie des accessoires. L'objectif est tout autre. Le *coach* annonce :

— Je vous présente mon ami Éric, le meilleur instructeur de CrossFit que je connaisse. Il va vous aider à vous préparer pour le tournoi.

L'heure qui suit est intense. Les exercices sont différents et beaucoup plus exigeants que tous ceux que les joueurs connaissent. Ils font surtout travailler les muscles du dos, des épaules, des mollets et de l'intérieur des cuisses. Ça tire et ça chauffe dans tout le corps.

François n'est pas étonné de retrouver ses joueurs le souffle coupé et le visage rougi par l'effort.

— J'espère que vous avez apprécié, mes Rebelles ? Parce qu'on refait une séance mercredi prochain !

— Une autre séance ? demande Martin.

— Oh non ! soupire Akim.

— Moi, j'ai bien aimé, avoue Charlotte en reprenant son souffle.

— Mais ça donne chaud ! ajoute Katerina, le front en sueur.

— C'est tout pour aujourd'hui, conclut le *coach*. Vous pouvez rentrer chez vous. Une bonne douche vous fera du bien. On se retrouve au gymnase samedi prochain à 14 h. Soyez à l'heure !

5

Un mauvais départ

Entre l'école et les entraînements, le temps passe vite. Et le samedi 26 avril, c'est déjà la dernière pratique avant le tournoi.

À l'approche de la compétition, François sent l'excitation gagner ses joueurs.

— Votre premier match est dans moins d'une semaine, leur rappelle-t-il. Vous avez hâte ?

Un oui sonore résonne dans le gymnase, claquant comme un coup de tonnerre.

— Vous êtes prêts ?

— Oui, *coach*, nous sommes vraiment prêts ! répond Hugo. On attend ça depuis l'été dernier !

— Moi, je compte les jours ! ajoute Akim.

— Excellent ! J'adore sentir cette énergie, souligne-t-il en applaudissant. Mais n'oubliez pas que, pour gagner un tournoi de ce genre, il faut beaucoup d'endurance et de détermination. Vous en avez ?

— On en a plein ! confirment Zack et Rodrigue en se tapant dans les mains.

— Parfait ! Une seule consigne d'ici le match de vendredi : reposez-vous. Et couchez-vous tôt ! Soyez raisonnables et vous serez en forme au tournoi ! Compris, les garçons ?

Le regard fuyant, ceux qui se sentent concernés par ce commentaire fixent le plancher. Ils ne voient pas arriver le jeune homme que François accueille avec une chaleureuse poignée de main.

— Je vous présente un talentueux joueur de l'équipe de première division des U16, Alex Paradis. Un de mes anciens élèves à qui j'ai demandé de me remplacer.

Les garçons et les filles se regardent, incrédules :

— Pour vous remplacer ? finit par articuler Antoine avec difficulté.

— Oui, pour un match seulement. Le premier, celui de vendredi prochain.

Sous le choc, les quinze Rebelles sont immobiles et muets.

— Mais pourquoi ? demande Zack.

— Je serai à Toronto pour mon travail. Je ne rentrerai qu'en fin de soirée.

Parmi les joueurs, le silence persiste. Leur déception est visible. François cherche les bons mots pour leur expliquer la situation :

— Je suis vraiment désolé, mais je ne vous en ai pas parlé plus tôt pour ne pas affecter votre motivation.

Il pose une main sur l'épaule de son remplaçant et poursuit sur un ton enjoué :

— Alors, j'ai appelé Alex en renfort ! Vendredi, ce sera lui, votre *coach*. Je suis certain que tout va bien se passer. Je serai de retour pour le deuxième match, celui du samedi matin.

Sans leur laisser le temps de réfléchir, François passe à l'action :

— Yoann et Charlotte, distribuez ces dossards. J'aimerais que vous profitiez de cette dernière pratique pour montrer à Alex ce dont vous êtes capables.

Ça me permettra aussi de lui donner quelques conseils qui l'aideront à préparer cette première partie.

Une heure et demie plus tard, François siffle la fin d'un entraînement soutenu et exigeant.

— Bravo, les Rebelles ! Vous avez travaillé très fort, aujourd'hui. Alex a pu apprécier la qualité de votre jeu. Vous me semblez prêts pour le tournoi. D'ici demain, vous recevrez l'horaire des matchs et la confirmation des terrains sur lesquels ils se dérouleront.

⚽⚽⚽

Le lendemain soir, Katerina et son père consultent les informations sur le déroulement du tournoi sur le site Web de la ligue.

— Il est organisé comme ceux des pros, constate son père.

— Ah oui ! s'exclame Katerina, admirative.

— Comme celui de la Ligue des champions.

— Wow ! réplique la jeune fille, les yeux pétillants.

— Regarde, c'est expliqué ici, précise-t-il en montrant l'écran de sa tablette. Par tirage au sort, les douze équipes participantes ont été séparées en trois groupes de quatre. C'est la phase préliminaire pendant laquelle chaque équipe affronte les trois autres. Ici, tu peux voir la composition des groupes.

GROUPE A	GROUPE B	GROUPE C
Les Lynx	Les Étendards	Les Scorpions
Les Furets	Les Mustangs	Les Tornades
Les Rebelles	Les Bulldozers	Les Vikings
Les Couguars	Les Faucons	Les Grizzlis

— Et après ?

— Les deux premières équipes de chacun des groupes et les deux meilleures troisièmes se qualifieront pour les quarts de finale. Les quatre dernières seront éliminées.

— J'espère que ça ne nous arrivera pas, réplique Katerina en faisant la grimace.

— Réparties en quatre groupes, poursuit son père, les huit équipes restantes disputeront ensuite chacune deux matchs l'une contre l'autre. On appelle ça les matchs aller-retour. Les quatre vainqueurs passeront en demi-finale. Pour finir, les deux équipes victorieuses s'affronteront en finale, comme le montre ce tableau.

TOURNOI DE LA COUPE DES AIGLES

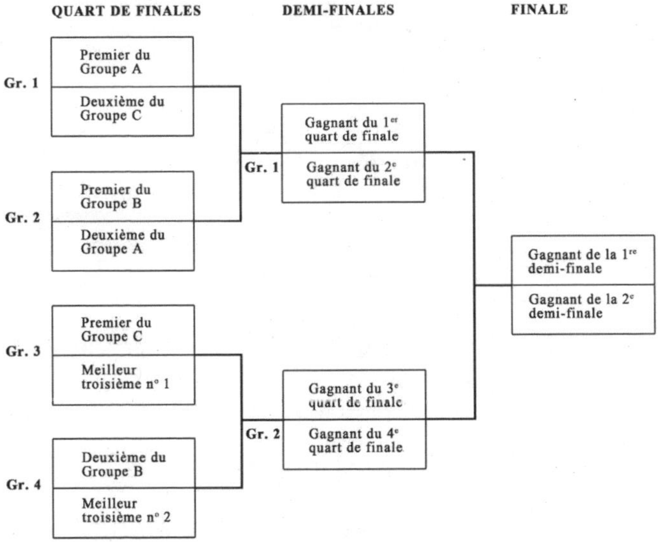

— Le samedi 17 mai, l'équipe victorieuse recevra la première Coupe des Aigles de l'histoire, conclut-il. Un beau défi à relever, ma fille !

Vendredi 2 mai, 18 h

En arrivant sur le terrain, les joueurs croisent Philippe, qui est venu pour les encourager. La jambe dans le plâtre, il est heureux de retrouver ses amis.

Entouré de ses coéquipiers, il leur avoue :

— Je m'ennuie de l'équipe…

— Comment va ta jambe ? demande Charlotte.

— Le docteur dit que l'os se ressoude bien. Je vais bientôt pouvoir commencer ma rééducation.

— C'est une super nouvelle ! se réjouit Martin.

— Oui, mais c'est long ! Et ce n'est vraiment pas très pratique de se promener avec ce gros machin, poursuit Philippe en exhibant son plâtre.

— Ça me donne une idée ! s'exclame Quang, l'artiste du groupe. Quelqu'un a-t-il un feutre ou un stylo ?

— Moi, j'en ai un ! répond Antoine.

— Donne-le-moi !

Quang s'empresse de dessiner la Coupe des Aigles sur le plâtre de son ami. Il tend ensuite le stylo à Akim, et dit :

— Nous allons tous signer autour du dessin. Ça va nous porter chance !

— Tu vas nous manquer, Phil ! ajoute Yoann. On va essayer de la gagner pour toi !

— *Go*, les Rebelles, *go* ! répond-il, en faisant tournoyer son poing droit.

Sur la touche, Alex, leur entraîneur d'un jour, semble nerveux. Très appliqué, il a bien préparé le match, multipliant les stratégies et les tactiques qu'il a illustrées par de nombreux schémas.

— Pour cette première partie, commence-t-il, on va miser sur l'offensive. Vous allez jouer en formation 2-1-2-3. Avec six remplaçants, on va multiplier les changements rapides pour garder un maximum d'intensité et tenter de surprendre nos adversaires. À l'avant, vous tournerez à six. On va jouer avec deux lignes d'attaque. Le premier trio sera formé de Katerina, Quang et Hugo. Le second de Akim, Jorge et Charlotte.

Les joueurs sont étonnés par ce genre de tactique qui ressemble plus à du hockey qu'à du soccer. Ils n'osent pas répliquer.

Alex continue son explication, sans réaliser qu'il est en train de perdre l'attention de ses joueurs :

— À la demie, vous jouerez en paires : Zack avec Anthony et Yoann avec Angélique.

Rodrigue, Martin, Antoine et Lucien, vous alternerez à la défense, disposés en triangle. C'est compris ?

— On... On va essayer, répond timidement Antoine. Est-ce qu'on peut faire notre échauffement et nos étirements, maintenant ?

— Euh... Oui, bien sûr. Allez-y !

À première vue, leurs adversaires, les Furets, semblent bien préparés. Avec sept garçons et sept filles, c'est l'équipe mixte par excellence.

En ce début de saison, les pluies n'ont pas été trop abondantes. Le terrain est en bon état, et la température, idéale. Toutes les conditions sont réunies pour disputer un bon match.

Durant les quinze premières minutes, le jeu est décousu. Après huit mois d'entraînements en gymnase, les joueurs doivent se réhabituer à la surface et aux distances du terrain naturel. Certaines passes sont trop courtes ou trop longues. D'autres ne sont pas assez appuyées. Elles sont freinées par le gazon et n'atteignent jamais leur destinataire.

Sur une passe mal assurée, l'attaquante de pointe des Furets réussit une interception et donne l'avantage à son équipe.
Elle s'empare du ballon, puis contourne Antoine. Elle efface ensuite Martin d'un crochet vers la gauche et déjoue Annabelle d'un tir précis au ras du poteau. La marque est de 1 à 0. C'est un mauvais départ pour les Rebelles.

Fidèle à son plan de match, Alex multiplie les changements. Il alterne à un rythme trop rapide, attaquants et milieux de terrain n'arrivent pas à s'organiser entre eux et à entrer dans la partie. Trop d'hésitations et d'approximations cassent leur jeu. Les Furets en profitent. Cinq minutes après avoir ouvert le score, ils remettent ça.

Leur ailier déborde sur la gauche et évite Angélique, qui semble perdue sur le terrain depuis le début du match. Inefficace et peu combative, elle touche peu de ballons. L'ailier poursuit sa course, déjoue Lulu avec un petit pont et centre du pied gauche. Au deuxième poteau, un attaquant marque un superbe but de la tête. C'est 2 à 0. Ce soir, rien ne fonctionne pour les Rebelles.

Pour tenter de limiter les dégâts et redonner confiance à son équipe, Alex change plusieurs fois de stratégie. Il étourdit ses joueurs avec de nouvelles instructions qu'ils n'arrivent pas à suivre ni à assimiler. C'est la panique.

Trente secondes avant la mi-temps, les Furets profitent une nouvelle fois de cette désorganisation. Sur un coup franc manqué par les Rebelles dans leur zone, ils se lancent dans une fulgurante contre-attaque qui se termine par un autre but. Le score est de 3 à 0.

Pendant la pause, Alex ne sait plus quoi dire à ses joueurs. Rien ne marche. Il a perdu le contrôle. Le *coach* François va être déçu.

Les Rebelles se lancent dans la deuxième demie sans trop y croire. Jusqu'à ce qu'un coup franc à la limite de la surface de réparation permette à Rodrigue d'inscrire leur premier but du tournoi. Les joueurs, stimulés par ce résultat, ont un regain d'énergie. Coup sur coup, ils réussissent deux offensives menaçantes. Mais cet espoir est de courte durée. Une nouvelle contre-attaque à trois contre deux se solde par un quatrième but des Furets. Cette première victoire leur procure trois points au classement.

6

Le réveil

À son retour de voyage, François retrouve ses joueurs démoralisés, le samedi matin.

— Alors, ça s'est mal passé, hier ? leur demande-t-il dès leur arrivée.

— Très mal ! marmonne Yoann.

— Je vois que vous êtes très déçus. C'est normal. Je n'étais pas là et, malgré ses efforts, Alex n'a pas été à la hauteur. Il est désolé. Sans oublier que l'autre équipe était également très bonne. Ce n'est pas le début de tournoi qu'on espérait.

— Est-ce qu'on va être éliminés ? demande Katerina.

— Pas du tout. À ce stade, perdre un match n'est pas catastrophique. Pour connaître les gagnants, il faut attendre que toutes les équipes jouent leurs trois matchs. Avec trois points, les Furets sont les premiers au classement. Les deux autres équipes de notre groupe ont fait un match nul, hier soir. Elles sont deuxièmes avec un point chacune. Nous sommes en dernière position. Mais rien n'est perdu, continue François. Avec les deux prochains matchs à jouer, nous pouvons encore aller chercher six points.

— C'est vrai ! s'exclame Katerina en souriant. On peut toujours atteindre les quarts de finale ?

— Oui, nous avons encore toutes nos chances, mais ça ne sera pas facile, précise le *coach*. Les autres équipes veulent aussi gagner la coupe. Il faut maintenant oublier la défaite d'hier et rebondir. Êtes-vous capables de faire ça ?

— Oui !

— Et pouvez-vous retrouver rapidement votre moral et votre confiance ?

— Avec vous, *coach*, on peut ! affirme Yoann, en levant les pouces.

— Nous serons prêts pour le prochain match ! confirme Antoine.

— Parfait ! Alors, allez prendre un bon dîner, reposez-vous et préparez-vous mentalement. On se retrouve à 13 h sur le terrain.

Samedi 3 mai, 14 h

Dès la première minute du match, les Rebelles explosent. On sent que le retour de leur entraîneur leur a redonné confiance.

Ils affrontent les Lynx, une équipe semblable à la leur, avec un peu plus de garçons que de filles.

Moins techniques et plus agressifs que leurs adversaires de la veille, les joueurs des Lynx les pressent et les bousculent. Ils gagnent la plupart des duels épaule contre épaule, privant très souvent les Rebelles du ballon. Le jeu devient vite physique et un peu trop musclé au goût de François.

C'est justement pour éliminer du soccer ce type de jeu et de comportement que ces équipes mixtes ont été mises sur pied. L'entraîneur des Lynx n'a apparemment pas compris l'objectif du tournoi.

Les Rebelles ont de la difficulté à s'organiser. Ils ont peu d'occasions d'attaquer, contraints de rester en mode défensif la plupart du temps. À la mi-temps, le score est toujours de 0 à 0.

À la pause, les joueurs sont furieux :

— *Coach*, ils n'arrêtent pas de pousser ! se plaint Anthony.

— Moi, ça fait trois fois que leur numéro 12 me donne un coup de pied dans les mollets. Il le fait exprès. Je suis tanné ! proteste Akim.

— C'est vrai, *coach*. Moi, j'ai reçu plusieurs coups de coude, ajoute Charlotte.

— Moi aussi, confirme Jorge.

François rassure ses troupes :

— Je sais, j'ai vu tout ça. Contre ce genre d'équipe, il n'y a qu'une parade : il faut accélérer le rythme. La clé, c'est la rapidité d'exécution. Voici ce que vous allez faire.

Pour compenser leur manque de technique, les Lynx amorcent la deuxième demie avec la même attitude combative. Un coup de coude dans le dos projette Lucien au sol. Katerina est sortie du terrain d'un violent coup d'épaule. Angélique s'écroule, prise en sandwich entre deux adversaires. Les quinze premières minutes se résument à un duel au milieu du terrain. Pas un seul tir au but des deux côtés.

Sur la touche, François encourage ses joueurs :

— *Let's go*, les Rebelles ! Rappelez-vous ce que je vous ai dit. Ils commencent à se fatiguer, c'est le moment.

Les Rebelles obéissent aux consignes de leur *coach* et montent l'intensité d'un cran.

Ils se déplacent plus vite et multiplient les passes rapides, exploitant le moindre espace libre. Les Lynx ont de la difficulté à suivre. Ils commencent à accumuler les fautes.

Sur la droite, Quang déborde sur l'aile. Il passe en retrait à Zack qui, d'un crochet, efface un adversaire, mais pas deux. Les deux jambes fauchées, il s'étale dans l'herbe.

Le sifflet de l'arbitre retentit aussitôt.

— Enfin, un carton jaune ! s'exclame François. Il était temps que l'arbitre se réveille !

En allant se placer près du premier poteau, Rodrigue fait signe à Zack de prendre le coup franc. Les deux joueurs se sont compris. Pour faire croire qu'il va tirer, Zack prend son élan. Arrivé sur le ballon, il ralentit et le lobe par-dessus le mur. Rodrigue bondit derrière les défenseurs, puis dévie le ballon d'un puissant coup de poitrine. BUT ! C'est 1 à 0.

Les Lynx redoublent d'agressivité, et les Rebelles de rapidité. Les coups francs s'accumulent pour l'équipe de François. À la cinquante-cinquième minute, un tir de Rodrigue s'écrase sur un des poteaux. Cinq minutes plus tard, une reprise de volée de Katerina est repoussée par la barre transversale.

Les Rebelles continuent à mettre de la pression. Ils veulent s'assurer la victoire.

À trois minutes de la fin, sur une contre-attaque, Lucien décide de passer à l'offensive. D'un rapide une-deux avec Antoine, il déjoue deux adversaires. Il passe ensuite le ballon à Akim qui, d'une talonnade, le lui remet avec précision dans l'axe de sa course.

Il pénètre dans la surface de réparation comme un bolide, aussitôt accroché par un défenseur. Il chute lourdement sur le dos.

Furieux, Lucien se relève et pousse violemment le joueur des deux mains :

— Ça fait quatre fois que tu me rentres dedans, espèce d'abruti ! Va donc apprendre à jouer au soccer !

D'un geste vif et sans appel, l'arbitre montre le carton rouge aux deux joueurs et leur fait signe de sortir du terrain.

Lucien n'en revient pas. Quelques-uns de ses coéquipiers l'entourent aussitôt pour l'escorter jusqu'au banc :

— Je sais, c'est injuste, dit Annabelle, mais tu n'aurais pas dû le pousser et l'insulter.

— Annabelle a raison, ajoute François. C'est un geste antisportif. L'arbitre n'avait pas le choix de l'expulser. Si tu n'avais pas réagi, lui seul aurait eu un carton rouge. Mais pour l'instant, tu dois quitter le terrain. Va rejoindre tes parents, on se reparle après le match.

Il reste maintenant à tirer le *penalty*. Avec seulement deux à trois minutes à jouer, la victoire est à portée de main. François désigne Charlotte. Avec assurance et précision, elle marque, confirmant une belle victoire qui redonne confiance aux Rebelles.

7

L'épreuve

Dimanche 4 mai, 13 h 30

En prévision du troisième match, dont le résultat sera décisif pour la qualification de l'équipe aux quarts de finale, François a demandé à ses joueurs d'arriver plus tôt ce jour-là.

Il fait le point avec eux, installés à l'ombre sous un grand arbre :

— Voici la situation dans notre groupe. Avec une victoire et un match nul, les Couguars ont quatre points. Avec une partie gagnée et une de perdue, nous sommes à égalité avec les Furets, à trois points. Pour terminer, avec une nulle et une défaite, les Lynx n'ont qu'un seul point. Aujourd'hui, toutes les équipes peuvent donc encore se qualifier. Mais seulement deux y parviendront. Quelles conclusions en tirez-vous ?

— Que les Furets ont de grandes chances de battre les Lynx, réplique Yoann. Ils sont bien plus forts qu'eux.

— Exact ! confirme le *coach*. Si ça arrive, ils obtiendront six points et la qualification. Alors, qu'est-ce que cela signifie pour nous ?

— Qu'on doit absolument gagner contre les Couguars si on veut continuer le tournoi, conclut Annabelle.

— Bien raisonné ! S'ils gagnent, ils ont sept points et nous trois. C'est foutu. Avec un match nul, ils obtiennent cinq points et nous quatre. Encore foutu. Notre seule option est de gagner. Avec six points, notre passage en quart de finale est assuré.

François secoue l'herbe de ses pantalons, se relève et ajoute :

— Aujourd'hui, c'est LE match à gagner ! Et il nous reste une heure pour nous préparer !

15 h

— Un pour tous et tous pour un ! crient les Rebelles de toutes leurs forces.

— C-O-U-G-U-A-R-S, c'est nous les stars ! répliquent leurs adversaires.

Le match va être chaudement disputé. Les deux équipes se battent pour la qualification.

François a disposé ses joueurs en formation 3-4-1. D'après lui, la clé pour gagner ce match, c'est de contrôler le milieu de terrain. Son objectif est d'empêcher les demis des Couguars d'alimenter leurs attaquants. À l'avant, ils ont trois bons joueurs, deux filles et un garçon, qu'il va falloir contenir.

Pour commencer le match, Hugo est attaquant de pointe ; Angélique, Zack, Yoann et Quang sont milieux de terrain ; Martin, Rodrigue et Antoine, défenseurs. Sans oublier Annabelle, dans les buts. Sur le banc, Charlotte, Katerina, Anthony, Jorge et Akim sont prêts à l'action.

Les dix premières minutes du match sont explosives. Tous les joueurs sont déterminés et se donnent à fond, à l'exception d'Angélique. Hésitante, elle semble manquer d'énergie. Lente à réagir, elle perd la plupart de ses duels. Ses passes sont imprécises et n'ont pas assez de puissance. Son contrôle de balle n’est pas très bon. Cela surprend François, car il sait ce dont elle est capable.

Alex lui avait signalé qu’elle ne semblait pas à l’aise pendant le premier match. Elle n’avait pas accompli grand-chose. Et cela ne s’était pas amélioré lors du deuxième affrontement. François l’a fait jouer à différents postes, cherchant à la stimuler. Mais ça n’a rien changé. Depuis le début de la compétition, quelque chose semble empêcher Angélique d’exprimer son plein potentiel. Comme si elle était bloquée.

Le *coach* profite d’un changement pour s’accroupir près d’elle et lui demander d’un ton amical :

— Que se passe-t-il, Angélique ? Tu ne sembles pas avoir envie de jouer. Est-ce qu’il y a un problème ?

Elle rougit et baisse les yeux :

— Euh… Non, ça va… Je suis juste un peu fatiguée.

— Alors, bois un peu de ceci, ça va te redonner de l'énergie, dit-il en lui tendant une bouteille. C'est une boisson efficace et entièrement naturelle ! J'en ai toujours une en réserve pour redonner la pêche à mes joueurs.

— La pêche ?

— Ça signifie avoir la forme, être plein d'énergie.

Le *coach* bondit aussitôt, pour donner des instructions aux joueurs sur le terrain, qu'il n'a jamais complètement quitté des yeux :

— C'est un coup franc ! Akim, Jorge, Katerina, Charlotte, faites le mur, vite ! Anthony, surveille le joueur derrière toi, au deuxième poteau. Annabelle, tu es trop à gauche, place-toi plus au centre ! Annabelle ! Annabelle, au centre ! Plus au centr…

Trop tard. Au coup de sifflet de l'arbitre, l'attaquante des Couguars décoche un tir fulgurant du pied gauche. Le ballon s'élève par-dessus le mur et décrit une courbe vers la lucarne droite de la cage de but, hors d'atteinte de la gardienne. L'équipe adverse prend les devants. C'est 1 à 0.

Sur la touche, leurs parents se déchaînent. Ils applaudissent, sifflent et crient à tout rompre. Les parents des Rebelles, assis à quelques mètres d'eux, subissent ce vacarme.

Les joueurs des Rebelles sont ébranlés. Ce but leur a fait mal. Les Couguars, par contre, sont remontés à bloc. Ils bourdonnent autour de leurs adversaires au point de les étourdir et de les déconcentrer. Au centre de la défense, Rodrigue subit beaucoup de pression. Il est moins efficace que d'habitude.

Pour se débarrasser des deux attaquants qui le talonnent, *Bigfoot* tente une passe en retrait vers la gardienne pour qu'elle fasse un dégagement. Mal assurée, sa passe est interceptée. Le score est de 2 à 0 pour les Couguars.

Par chance, le coup de sifflet annonce la mi-temps. Sur le banc, François tente de remotiver ses joueurs :

— Rien n'est joué, il reste une demie. Et deux buts d'écart, ce n'est pas insurmontable. Restez concentrés et positifs. C'est à notre tour de leur mettre la pression. Changement de stratégie. On revient à notre formation habituelle, 3-3-2. Ouvrez le jeu le plus possible sur les ailes. Ils semblent avoir une faiblesse de ce côté-là. Charlotte, Quang et Anthony, je compte sur votre vitesse pour les déborder. Allez, mes Rebelles, on remonte ça ! Un but à la fois.

Stimulés par leur avance, les Couguars reviennent aussitôt à l'assaut du but adverse. Chacune de leurs attaques est menaçante. Les deux premières forcent Annabelle à faire des arrêts difficiles. La troisième se termine par un tir qui percute la barre transversale.

Dans les minutes qui suivent, le changement tactique de François commence à faire effet. L'équipe du Lac-des-Aigles reprend de l'assurance et le contrôle du jeu. Revenir à leur formation habituelle leur a redonné confiance.

Fidèles au nouveau plan de match, Quang, Charlotte et Anthony attaquent par les ailes. Les défenseurs latéraux sont débordés. Sur un centre en retrait de Charlotte, Jorge feinte un tir, mais laisse rouler le ballon pour Quang. En embuscade au premier poteau, l'ailier inscrit le premier but des Rebelles. La marque est de 2 à 1. L'avance des Couguars se réduit.

Ce moment est le tournant du match. Les Rebelles prennent l'initiative. Leurs débordements par les ailes sont de plus en plus difficiles à contrer. Le deuxième but est marqué grâce à un superbe jeu collectif. Une dizaine de passes placent Hugo dans la position idéale pour décocher un solide tir croisé. BUT ! C'est 2 à 2.

Les parents des Rebelles se réjouissent. Du côté des partisans des Couguars, le silence règne.

À la soixante-neuvième minute, Akim profite d'un ballon bondissant dans la surface de réparation. Il marque en le déviant du genou. Le score est maintenant de 3 à 2 ! Ce but donne la victoire aux Rebelles.

8

Quart de finale

Tous les esprits sont maintenant tournés vers le premier match de quart de finale, prévu pour le mercredi soir.

— Papa, que se passera-t-il si on perd, mercredi soir ? le questionne Quang.

— Ça dépend par quel score vous perdez. Pour votre adversaire, ce sera le match aller. Ils viennent jouer sur votre terrain. S'ils gagnent la partie, ça leur donne l'avantage. Au match retour, ce sera la même chose pour vous. Tu comprends ?

— Oui.

— C'est le total des points des deux matchs qui décidera de l'équipe qui passera en demi-finale. Donc, si, par exemple, vous perdez 1 à 0, il vous faudra gagner par au moins deux buts d'écart le match retour. C'est pareil pour l'équipe que vous affrontez.

— Le plus simple, c'est qu'on gagne les deux matchs, conclut Quang avec un grand sourire.

— Tout à fait, répond son père, mais c'est plus dur.

Mercredi 7 mai, 18 h

Lucien est de retour. Sa suspension est terminée. L'équipe est au complet.

Les Rebelles jouent contre les Étendards, les gagnants du groupe B. Leur défensive semble solide. Leur attaque, par contre, n'a produit que quatre buts. Leurs victoires ont été serrées.

Pour ce match, François mise sur les contre-attaques. Il a demandé à ses joueurs d'être plus prudents et de laisser venir à eux leurs adversaires. Leur objectif est de les attirer profondément dans leur camp, afin de mieux les surprendre par des attaques éclair, que Zack et Rodrigue ont pour mission de lancer. En pointe, les attaquants doivent utiliser leur vitesse pour se faufiler derrière les défenseurs et marquer.

Les Rebelles commencent le match en lions. Très mobile, leur défense semble impénétrable. Les Étendards n'arrivent pas à trouver de faille. Épaulés par leurs milieux de terrain, Martin, Rodrigue et Lucien interceptent tout, privant leurs adversaires de tirs au but.

Après quinze minutes de ce régime, les Étendards sont bien installés dans la moitié de terrain des Rebelles. C'est le moment de contre-attaquer. D'un geste vif, Rodrigue coupe une passe et se déporte vers la droite. Du coin de l'œil, il repère Jorge et Charlotte au bord de la ligne médiane, prêts à bondir. Sans attendre, il dégage le ballon en profondeur, par-dessus les milieux de terrain et les défenseurs adverses. Charlotte s'élance pour récupérer le ballon. En parallèle, Jorge amorce sa course.

Ils ont évité le hors-jeu. Toute la défense des Étendards est prise à contre-pied.

Charlotte s'empare du ballon. Il ne reste qu'un défenseur entre elle et le but. Ce dernier hésite. Doit-il attaquer la fille ou tenter d'intercepter la passe qu'elle pourrait faire à son coéquipier sur la droite ? Il décide de se concentrer sur la porteuse du ballon. À peine fait-il un pas dans sa direction que Charlotte passe à Jorge. Le garçon n'essaie même pas de contrôler le ballon. Il se contente de tirer de toutes ses forces, dans la foulée. BUT ! Les Rebelles mènent 1 à 0.

L'entraîneur est impressionné, les parents sont épatés et les joueurs, survoltés. Mais leur joie est de courte durée. Dès la mise au jeu, les Étendards attaquent en force. Trente secondes plus tard, ils égalisent.

En une minute vingt secondes, deux buts ont été marqués. Au premier changement de joueurs, François place Angélique au poste de milieu offensif.

— N'hésite pas à attaquer et à tirer ! lui précise-t-il.

Une nouvelle fois, il constate que sa joueuse n'est pas très dynamique ni efficace à ce poste. Angélique n'est pas assez combative. Elle n'arrive pas à conserver le ballon. La pression exercée par les Étendards est trop forte.

Le *coach* décide de la déplacer sur l'aile, pour éviter de perdre le contrôle du milieu de terrain. À cette position, elle a plus d'espace pour manœuvrer, et son manque d'ardeur sera moins dommageable pour l'équipe. Les coudes collés au corps, elle court mollement, laissant passer plusieurs chances de déborder sur l'aile. Elle arrive presque toujours en retard sur le ballon et tombe au moindre contact. Elle n'a pas d'énergie.

Sur le côté, François tente de la motiver :

— Ne lâche pas, Angélique ! Sois moins statique et plus agressive ! Utilise ton corps pour protéger ton ballon. *Let's go*, t'es capable !

Angélique fait un effort et réussit quelques bonnes passes. C'est encourageant, mais dans l'ensemble, sa performance ne s'améliore pas beaucoup. François est contraint de la faire sortir. Elle ne fera plus que de courtes apparitions sur le terrain jusqu'à la fin du match.

Il sent que quelque chose empêche Angélique de bien jouer. Mais il n'a pas le temps de s'en occuper maintenant. Le rythme du tournoi est trop rapide et il a quatorze autres joueurs à diriger. Dans le contexte de la saison régulière, il pourra l'aider à retrouver la forme et sa motivation. Mais pour l'heure, sa priorité est de se concentrer sur ce match de quart de finale.

La partie se poursuit à un rythme soutenu. Dans les deux camps, les attaques et les contre-attaques se multiplient, provoquant plusieurs coups francs et de nombreux *corners*. Exceptionnelles, les deux gardiennes ne laissent plus un seul ballon pénétrer dans leurs filets. La partie se termine sur le score de 1 à 1. Un résultat qui donne un léger avantage à l'équipe des visiteurs, les Étendards.

Lorsqu'il retrouve sa fille, le père d'Angélique la rassure :

— Un verdict nul, ce n'est pas si mal. Vous avez encore toutes vos chances au match retour. Mais pour vaincre cette équipe, il va falloir déployer encore plus d'efforts et d'intensité.

Il lui soulève le menton de la main, la regarde droit dans les yeux et lui demande :

— Mais toi, que penses-tu de ton match ? Es-tu satisfaite ? Entre zéro et vingt, quelle note te donnes-tu ?

— Euh… Quatorze.

— Quatorze ! s'exclame le père. Quelle générosité ! Moi, je te donne huit, pas plus !

— Huit ! répète Angélique, sous le choc.

9

La transformation

Sur le chemin du retour, la tête appuyée contre la vitre, Angélique est abattue.

Son père l'observe du coin de l'œil, dans le rétroviseur. Il devine comment elle se sent. Il la connaît. Elle est fière, compétitive et douée. L'opposé de la façon dont elle se comporte actuellement.

Voir sa fille dans cet état l'attriste. Elle a de la difficulté à s'intégrer à sa nouvelle équipe. Angélique ne semble plus avoir confiance en elle.

Son père a d'abord essayé de l'encourager et de la rassurer, mais ça n'a rien donné. Aujourd'hui, en lui donnant cette mauvaise note pour sa performance, il espère la faire réagir.

— Que t'arrive-t-il, ma championne ? lui demande-t-il, tout en se concentrant sur la route. Où se cache ma super dribleuse ?

— Je ne sais pas…

— Tu n'as pas fait un seul tir au but en quatre matchs. Ça ne t'est jamais arrivé. Que se passe-t-il ? On dirait que ça ne te tente plus de jouer. Tu ne cours presque pas et tu as très peu d'influence sur le jeu. Ton *coach* s'en est aperçu. C'est pour ça qu'il ne t'a presque pas fait jouer, aujourd'hui. Je ne crois pas que ton objectif est de rester assise sur le banc.

— Non, c'est sûr.

— Alors ?

— Je ne sais pas…

— Ce n'est pas une réponse, ma chérie. Tu joues maintenant avec une bonne équipe. Alors profites-en ! C'est toi qui as choisi de pratiquer ce sport…

— C'est vrai.

— Ton prochain match est samedi. Ça te laisse le temps de retrouver ta motivation. Montre-leur qui tu es !

Le père d'Angélique arrête la voiture devant le bar laitier :

— Bon, assez parlé soccer pour aujourd'hui ! Payons-nous un petit plaisir avant de rentrer à la maison ! Une bonne crème glacée devrait nous rendre notre sourire ! s'exclame-t-il d'un ton plus léger.

Samedi 10 mai, 13 h 45

Arrivés tôt sur le terrain, les joueurs sont bien réchauffés. Ils ont hâte de passer à l'action.

— Aujourd'hui, c'est le match retour, rappelle François. Et pour passer en demi-finale, on doit le gagner. Sur le terrain, il faut tout donner ! Vous devez vous battre pour chaque ballon, de la première à la soixante-dixième minute ! Prêts, les Rebelles ?

— Prêts, *coach* !

Plus nombreux et bruyants que d'habitude, les parents donnent à ce match une allure de fête. Face à l'enjeu, familles et amis viennent grossir les rangs des partisans. Ils se sont installés trop près de la ligne blanche et dérangent le travail du juge de touche. Le jeune homme les oblige à reculer d'un bon mètre, car il devra se déplacer latéralement tout au long de la partie pour signaler les fautes et les hors-jeu.

Les deux équipes poussent leurs cris de ralliement et les parents applaudissent. Le match commence.

Les Étendards lancent une attaque, qui est stoppée net par le mur défensif des Rebelles. Cette offensive n'est que la première d'une longue série. Mais Rodrigue, Antoine et Martin tiennent bon. Jusqu'à ce qu'un coup franc, face au but, vienne semer la panique dans le camp des Rebelles.

À neuf mètres du mur formé par Zack, Hugo, Charlotte, Quang et Yoann, trois adversaires s'approchent du ballon. Qui va tirer ? Un droitier ? Un gaucher ?

La gardienne place son mur :

— Déplacez-vous vers la gauche, leur indique Annabelle. Un peu plus. Encore. Stop ! Là, c'est bon ! Serrez-vous les uns contre les autres.

Le coup de sifflet retentit. Le tir part et le mur saute. Un autre coup de sifflet retentit aussitôt. Main ! L'arbitre désigne le point de *penalty*. En sautant, Quang a décollé son bras du corps et a touché le ballon de la main. Un geste qui ne pardonne pas dans la surface de réparation.

Annabelle déteste ce genre de duel. Seule face au tireur, elle a peu de chances d'intercepter le ballon. Elle a chaud, le soleil l'aveugle.

L'arbitre siffle, l'attaquant s'élance. BUT ! Les Étendards explosent de joie, mais c'est de courte durée. L'arbitre siffle une nouvelle fois. Le but est annulé. Son assistant vient de lui signaler qu'un joueur avait un pied dans la surface de réparation au moment du tir. C'est interdit. Il désigne de nouveau le point de *penalty*. C'est à refaire.

Prise deux. Après avoir vérifié que tout le monde est à sa place, il souffle pour la troisième fois dans son sifflet. Ce deuxième tir est encore plus puissant et précis que le premier. BUT ! Les Étendards se réjouissent de nouveau.

Mais l'arbitre refuse encore le but. Cette fois, parce qu'un des coéquipiers du tireur s'est élancé dans la surface une fraction de seconde avant le tir. Cela non plus n'est pas permis. *Penalty* à retirer.

Une fois de plus, l'attaquant replace son ballon. Il devient nerveux. Après deux tirs cadrés, en réussira-t-il un de plus ? Le doute s'installe dans sa tête.

Face à lui, Annabelle sent aussi la pression. Elle ne veut pas laisser passer cette troisième chance d'arrêter le ballon. Prête à bondir, elle observe le pied droit de son adversaire.

Au coup de sifflet, il s'élance. Annabelle suit des yeux le mouvement de sa jambe et devine qu'il va tirer sur la gauche. Elle saute, les bras tendus. Du bout des gants, elle dévie le ballon et empêche les Étendards de marquer.

Sur la touche, les parents des Rebelles applaudissent la gardienne.

Les deux équipes en profitent pour faire des changements. À l'attaque, François décide de jumeler Angélique et Charlotte. Il espère qu'à ce poste la première aura un peu plus de mordant que lors des précédents matchs.

À son entrée sur le terrain, Angélique semble plus déterminée. D'où il est assis, son père la sent plus concentrée et prête à entrer en action. Son *coach* le remarque aussi. Il détecte soudain une énergie et une vivacité qu'il n'a pas encore vues chez elle.

Le dos droit, la tête haute, elle est plus combative et conserve mieux le ballon. Ses passes sont plus assurées et une belle complicité s'installe vite entre Angélique, Charlotte et Katerina.

Les trois filles multiplient les passes en triangle et se rapprochent plusieurs fois du but adverse. Résultat : deux tirs cadrés pour Charlotte, deux pour Angélique et un pour Katerina. C'est la première fois que les Rebelles parviennent à demeurer aussi longtemps dans le camp adverse.

François décide de garder les trois filles sur le terrain jusqu'à la mi-temps. S'emparant d'un ballon bondissant, Angélique déjoue un premier adversaire, puis un second et, d'une passe bien appuyée, glisse la balle à Charlotte entre deux défenseurs. L'attaquante n'a plus qu'à tirer. BUT ! C'est 1 à 0.

Assis sur le bout de sa chaise, le père de Zack est impressionné :

— Vous avez vu cette passe ? Elle était parfaite. Je n'ai pas bien vu le début de l'action. Qui a fait la passe à Charlotte ?

— C'est Angélique ! répond fièrement son père.

10

Des hauts et des bas

À la mi-temps, François félicite ses joueuses :

— Bravo, les filles ! C'est beau de vous voir jouer : du jeu précis et tout en finesse. Et ta passe, Angélique, c'était un vrai petit bijou ! Continuez comme ça.

Pendant que les joueurs s'hydratent, le *coach* résume la situation :

— Grâce au but de Charlotte, nous menons la série 2 à 1. Et il ne reste que trente-cinq minutes à jouer. Nous allons verrouiller la défense et protéger notre avance. On passe en formation 4-3-1. Martin, Rodrigue, Antoine et Jorge en défense. Katerina, Yoann et Zack à la demie, et Hugo à l'avant.

En revenant sur le terrain, les joueurs sont accueillis par un tonnerre d'applaudissements et de cris. L'arbitre lève le bras et siffle. C'est le dernier affrontement entre les Rebelles et les Étendards. À la fin de cette période, le tournoi sera terminé pour une des deux équipes.

Sur le banc, François continue de donner ses instructions :

— Anthony et Lucien, vous changerez à la défense ; Akim, Charlotte et Quang, à la demie ; Angélique, à l'attaque. Les changements seront rapides, donnez-vous à fond. Il faut les surprendre, les faire courir et les épuiser.

Le jeu est soutenu et le spectacle très agréable à regarder. D'une minute à l'autre, la tension monte d'un cran.

Un quart d'heure avant la fin, l'entraîneur des Étendards décide de jouer le tout pour le tout. Il leur faut un but, à tout prix. Il dégarnit sa défense et renforce son attaque. Mais la ligne arrière des Rebelles tient bon. Tous les joueurs sont regroupés en défense pour repousser les assauts de leurs adversaires. Il ne reste plus que dix minutes avant la fin du match.

Pour casser le rythme du jeu, Rodrigue et Martin font plusieurs dégagements. Seule en pointe, Angélique récupère ces ballons et travaille fort pour les conserver le plus longtemps possible. Elle écoule ainsi un temps précieux, rapprochant son équipe de la victoire. Plus que cinq minutes à résister.

Encouragés par les cris de l'entraîneur et de leurs parents, les Étendards reviennent une dernière fois à la charge. Un tir est repoussé du poing par Annabelle. Un autre, dévié de la tête par Lucien, passe par-dessus la cage de but. *Corner.*

Tous les joueurs des Étendards sont dans la surface de réparation des Rebelles. Même leur gardien, qui traverse le terrain à toute vitesse. La tension est grande. Il reste peu de temps. Ce *corner* sera probablement le dernier jeu du match.

La joueuse s'élance et tire. Le ballon s'élève. Décrivant une légère courbe, il passe au-dessus des mains d'Annabelle, qui perd l'équilibre et tombe. En embuscade près du deuxième poteau, le gardien de but des Étendards reprend le ballon de la tête. Il s'écrase sur la barre transversale et rebondit à l'extérieur de la surface de réparation. Angélique s'en empare et se précipite dans le camp adverse. Il n'y a plus de gardien, le but est vide. Poursuivie par deux défenseurs, elle tente un tir en hauteur du milieu du terrain. En rebondissant, le ballon frôle un des poteaux, mais il ne pénètre pas dans le filet.

— Bravo, Angélique ! Beau tir. C'était le jeu à faire.

L'arbitre siffle la fin du match. Les Rebelles remportent la série 2 à 1 et se qualifient pour la demi-finale. C'est l'euphorie.

Quelques minutes plus tard, après une collation bien méritée, le *coach* prépare déjà la suite :

— N'oubliez pas que, demain, c'est notre premier match de demi-finale. J'ai besoin de joueurs reposés et pleins d'énergie.

En se dirigeant vers la voiture, Angélique demande à son père :

— Papa, quelle note me donnes-tu, aujourd'hui ?

— Vingt sur vingt, sans aucune hésitation ! Tu as joué un très bon match. Je suis heureux de retrouver ma championne !

Il est impressionné par le changement d'attitude de sa fille :

— Que s'est-il passé, ma chérie ?

— La mauvaise note que tu m'as donnée m'a fait réfléchir. Tu avais raison. Je manquais d'énergie et je ne faisais pas beaucoup d'efforts. J'avais tellement peur de mal jouer ou de faire des erreurs que ça me paralysait.

— Sais-tu pourquoi ?

— Parce je ne voulais pas décevoir mon *coach* et ma nouvelle équipe. Et après notre conversation, j’ai repensé aux raisons pour lesquelles j’aime jouer au soccer. Ça m’a redonné confiance.

— Bravo, ma fille, je suis fier de toi !

Dimanche 11 mai, 13 h 45

La journée a mal commencé. À 10 h, le père d'Anthony a appelé François pour lui dire que son fils ne pourra pas jouer. Le garçon a été malade toute la nuit. Il a de la fièvre et il doit se reposer. Et le match ne se déroulera pas dans de bonnes conditions climatiques.

Regroupés sous leurs parapluies, les joueurs écoutent les dernières consignes de leur entraîneur :

— Cet après-midi, ça ne va pas être facile, commence-t-il. Il fait froid, l'herbe est glissante et le vent va affecter la trajectoire du ballon. Et nous faisons face aux Scorpions, une très bonne équipe. Elle est composée de dix filles et cinq garçons très doués. Pour les empêcher de développer leur style de jeu, il va falloir les surveiller de près.

— Qu’est-ce qu’il a de spécial, leur style de jeu ? demande Katerina.

— Les joueurs des Scorpions tirent rarement de loin. Ils préfèrent s’approcher du but en multipliant les passes courtes. Méfiez-vous, ils sont très rapides.

— Il faut qu’on reste bien groupés en défense, précise Rodrigue.

— Et tu peux compter sur nous, mon ami, ajoute Zack. À la demie, on va tout faire pour vous soutenir et vous enlever la pression.

Le match s’amorce sous une pluie battante. D’entrée de jeu, les Rebelles pressent leurs adversaires et interceptent de nombreuses passes. Leurs contre-attaques, par contre, ne sont pas très menaçantes. Ils terminent la première demie avec seulement deux tirs cadrés et un *corner*. De leur côté, les Scorpions cumulent huit tirs, trois *corners* et deux coups francs. Mais toujours aucun but.

À la mi-temps, François encourage ses protégés :

— C'est très bien, continuez à jouer comme ça. Vous les empêchez de manœuvrer, c'est ce qu'il faut faire. Dans les circonstances, un match nul ferait l'affaire. Restez prudents et concentrés.

Dès la reprise du jeu, des rafales viennent compliquer les choses. Le long de la ligne de touche, les parents bataillent avec leurs parapluies qui se retournent. Sur le terrain, les joueurs tentent de contrôler un ballon de plus en plus imprévisible.

Le vent souffle pour le moment dans le dos des Scorpions, ce qui leur donne l'avantage : leurs tirs sont plus forts et vont plus loin. Leur *coach* les incite à en profiter.

Même si la plupart des ballons ne sont pas cadrés, Annabelle n'a pas une seconde de répit.

Pour intercepter un tir en hauteur, elle bondit sur la droite, les bras tendus. À l'instant où elle s'apprête à saisir le ballon, un coup de vent le déporte brusquement vers la gauche. BUT ! C'est 1 à 0 pour les Scorpions.

Cinq minutes plus tard, le même scénario se reproduit sur un *corner*. Du coin du terrain, la joueuse des Scorpions centre le ballon en direction de son attaquant. Il s'élance pour tenter de le dévier de la tête, mais ne réussit pas à le toucher. Transporté par le vent, le ballon poursuit sa course, heurte le deuxième poteau et rebondit au fond du filet. Les Scorpions triomphent 2 à 0. La journée se termine tout aussi mal qu'elle avait commencé pour les Rebelles.

11

L'exploit

Le moral des Rebelles est au plus bas. Chacun chez eux, les joueurs ruminent leur défaite.

À la fin du match, leur *coach* n'a même pas eu le temps de leur parler. La pluie s'est intensifiée et des éclairs sont apparus. En quelques minutes, tout le monde a déserté le terrain, préférant rentrer aussitôt à la maison. C'est un dimanche soir morose. D'autant plus que, demain, il y a école.

Hugo se brosse les dents, pensif. Il sent que la coupe va leur échapper. « Si près

du but, ce serait vraiment frustrant »,
marmonne-t-il, la bouche pleine de dentifrice.

Sa mère cogne soudain à la porte.
Il sursaute.

— Hugo ! Hugo, tu m'entends ?

— Oui, maman, réussit-il à articuler
en bavant.

— On vient de recevoir un message
de ton *coach*. Réunion d'équipe demain soir
à 18 h 30, au gymnase.

— Ah bon ? OK !

« Après tout, rien n'est perdu. Il reste
encore un match à jouer. Tout peut arriver »,
pense Hugo.

⚽⚽⚽

Le lendemain soir, François avoue
à ses joueurs :

— Je ne vous le cache pas : ça va être difficile de battre les Scorpions. Au premier match, ils ont pris deux buts d'avance. C'est beaucoup, mais ce n'est pas insurmontable. Il va falloir travailler très fort pour remonter. Hier, le temps était mauvais et les éléments ont joué en leur faveur. Ce n'est pas leur talent ni la qualité de leur jeu qui leur a permis de marquer. C'est le vent ! Alors, ne vous laissez pas impressionner. Si vous restez confiants et soudés comme une troupe de vrais mousquetaires, tout reste possible. Vous pouvez y arriver.

Il scrute les yeux de ses joueurs et demande :

— Mais la vraie question est la suivante : voulez-vous y arriver ?

— Oui, *coach* ! crient tous les Rebelles.

— Excellent ! C'est ce que je voulais entendre. Vous savez tous que le soccer…

— Ça ne se passe pas que dans le corps, mais aussi dans la tête ! s'exclame Yoann en éclatant de rire.

Mercredi 14 mai, 18 h

Anthony va mieux, mais il n'est pas encore en état de jouer.

François est tiraillé entre la prudence et la témérité. Pour rester dans la course, il faut marquer. Ce qui implique d'attaquer et de prendre des risques. Mais il est tout aussi important d'éviter d'encaisser un autre but. La pente serait trop dure à remonter. Ce qui, à l'opposé, incite à défendre et à ne pas s'exposer.

Juste avant le match, le *coach* s'adresse à ses joueurs :

— Pour commencer, ne commettons pas l'erreur de mettre la barre trop haute. Il faut marquer deux buts pour égaliser la série et revenir dans la course. Après, on verra bien.

Il termine en leur disant :

— Ce soir, on dispute peut-être notre dernier match du tournoi. Peut-être pas. Et on veut tous gagner pour passer en finale. Eux tout autant que nous. Alors, on donne tout !

Il nuance néanmoins ses propos :

— Mais n'oubliez pas non plus que l'essentiel, c'est de vous amuser, de bien travailler ensemble et d'avoir du plaisir. C'est, avant tout, pour ça qu'on joue au soccer.

— Et aussi pour remporter la coupe ! *Let's go*, les Rebelles ! lance Annabelle, en se levant.

— Tous pour un et un pour tous ! répondent les Rebelles aussi fort qu'ils le peuvent.

Ce soir, la température est idéale. Le soleil, masqué par quelques nuages, n'est pas aveuglant. Et l'herbe est fraîchement coupée. Cette partie ne ressemblera pas à celle de dimanche.

Dans le rond central, Angélique fait partie de la formation de départ. Dès le coup d'envoi, elle bondit vers la porteuse du ballon pour le lui subtiliser. D'une feinte, elle contourne un autre adversaire et passe à Katerina. Son tir n'est pas cadré, mais le jeu est beau. En vingt-huit secondes seulement, les Rebelles ont décoché leur premier tir au but.

François constate que son trio d'attaquantes est explosif. C'est le moment de l'utiliser. Il agrippe une feuille de papier et réfléchit au positionnement de ses joueurs sur le terrain. Le *coach* va faire jouer les trois filles en avant, positionnées en triangle : Angélique en pointe, Charlotte et Katerina en soutien. Pour solidifier la base de cette formation et alimenter les attaquantes, Jorge, Yoann et Zack vont s'occuper du milieu de terrain. En défense, Rodrigue et Martin constitueront le dernier rempart. C'est un pari risqué, mais il faut le tenter.

L'efficacité de cette nouvelle formation surprend les Scorpions. C'est à leur tour de subir les attaques répétées de leurs adversaires. Au début, ils résistent bien. Tenaces, les Rebelles reviennent à la charge. Au fil des minutes, leurs opposants faiblissent. Pour se sortir de ce mauvais pas, les Scorpions passent à l'attaque. Ils se heurtent à un mur.

Martin dégage. Le ballon rebondit au centre du terrain et passe par-dessus la tête de quelques joueurs. Angélique récupère la balle et fonce vers le but adverse. D'une feinte de corps, elle élimine un premier défenseur, qu'elle contourne par la droite.

Profitant d'une ouverture, elle accélère et se faufile entre deux autres joueurs, qu'elle laisse dans son sillage. À l'approche du but, elle déjoue le dernier opposant d'un crochet vers la gauche. Elle vient de traverser la moitié du terrain.

La gardienne de but s'élance vers elle, mais Angélique est plus rapide. Du bout du pied, elle glisse le ballon sous le corps de son adversaire, une demi-seconde avant qu'elle ne plonge pour tenter de le bloquer. BUT ! À la mi-temps, le score est de 1 à 0 pour les Rebelles.

La deuxième demie redémarre sur le même rythme. Sur le flanc gauche, Akim fait une percée et centre. Sa passe est ferme, au ras du sol. Glissant entre plusieurs joueurs, le ballon termine sa course au milieu de la surface de réparation, aux pieds d'Angélique. BUT ! C'est 2 à 0.

Au cumulatif des deux parties, les Rebelles et les Scorpions sont maintenant à égalité. Avec dix minutes à jouer, le prochain but déterminera le gagnant de cette demi-finale.

Les joueurs du Lac-des-Aigles redoublent d'ardeur, enflammés par cette remontée. À la dernière minute, la victoire se joue sur un coup franc. Face au mur de six joueurs qui se dresse devant lui, Rodrigue se dit qu'il n'a pas le droit de manquer ce tir. Ce ballon doit se retrouver au fond du filet.

À la seconde où son pied percute la balle, il sait. Le tir est puissant, la courbe parfaite. BUT ! La marque est de 3 à 0. *Bigfoot* a frappé ! Les Rebelles passent en finale.

Une seule ombre au tableau : Akim s'est blessé à la fin du match. En essayant d'intercepter une passe, il a glissé et s'est tordu le poignet. Une blessure douloureuse sur le coup, mais pas très grave. Dans quelques jours, il sera guéri. Le plus embêtant, c'est que ce petit accident va l'empêcher de jouer la finale.

12

L'ultime épreuve

Les jours qui précèdent la finale, il y a de l'électricité dans l'air. Joueurs, entraîneur et parents sont fébriles et excités. Les Rebelles ne sont plus qu'à un match de la Coupe des Aigles et de la médaille d'or. Plusieurs en rêvent déjà.

Le jeudi passe vite, illuminé par l'éclatante victoire de la veille. Par contre, le vendredi semble interminable. Et le jour de la finale, le samedi matin, plus personne ne tient en place.

Après les exploits des Rebelles, la petite municipalité du Lac-des-Aigles est en pleine effervescence. Ce tournoi mixte suscite beaucoup d'intérêt dans la population. Quelques médias locaux en assurent même la couverture, donnant une belle visibilité au soccer dans toute la région.

C'est très stimulant pour les jeunes joueurs. On les aborde dans la rue pour les féliciter ; on leur offre des boissons énergisantes au supermarché ; quelques personnes leur demandent même de poser pour des *selfies*. Toute cette reconnaissance est agréable pour eux et elle attire de plus en plus de spectateurs aux matchs. Environ cent cinquante personnes se sont déplacées pour assister à la finale. On n'a jamais vu autant de chaises pliantes autour du terrain des Rebelles.

Samedi 17 mai, 13 h

Ce jour-là, François retrouve un groupe débordant d'énergie. Son équipe est prête. Ses joueurs ont hâte de se retrouver sur le terrain. Une seule pensée occupe leurs esprits : gagner la coupe.

— Excellent, mes Rebelles ! s'exclame le *coach*. C'est l'attitude qu'il faut avoir pour gagner et devenir des champions. Conservez cette énergie et cet état d'esprit pendant tout le match, et vous augmenterez vos chances de réussite. *Let's go*, les Rebelles, battez-vous jusqu'à la coupe !

— Tous pour un et un pour tous ! s'écrient les joueurs.

— Tous pour un et un pour tous ! reprennent leurs parents en écho, pour la première fois.

Parmi eux, Philippe, Akim et Anthony crient encore plus fort que les autres. Le premier est immobilisé par son plâtre à la jambe, le deuxième par son poignet blessé et le troisième par un virus qui lui a enlevé toute son énergie. Ils sont déçus de ne pas jouer cette finale, mais ils sont venus encourager leurs coéquipiers. À leur place, leurs amis en feraient tout autant.

Leurs adversaires, les Bulldozers de Saint-Félicien, sont reconnus pour leur rudesse. Filles comme garçons aiment bien jouer de l'épaule et n'ont pas peur des échanges musclés. Ils ne se laissent pas marcher sur les pieds.

Avec seulement quatre changements, François devra bien gérer l'énergie de ses troupes. Son opposant en a sept. Pour la première demie, le *coach* choisit de disposer ses joueurs en formation classique de base : 3-3-2. Cette façon de faire leur laissera le temps d'étudier le style de jeu de l'adversaire sans trop courir de risque. Une phase d'observation, en quelque sorte.

14 h

C'est sous un déluge d'applaudissements, de cris d'encouragement et de sons de trompettes que la finale commence.

Sur le terrain, Hugo et Quang sont à l'avant ; Jorge, Yoann et Zack occupent le milieu de terrain ; et Martin, Rodrigue et Antoine assurent la défense. Sur le banc, Lucien et les trois filles. Un choix surprenant qui déroute les parents.

Le jeu commence mollement, contrairement aux attentes des spectateurs. Dans les deux camps, les joueurs sont prudents. Personne ne veut commettre l'erreur qui donnerait l'avantage à l'équipe adverse.

Dans les dix premières minutes, il y a peu d'action et pas un seul tir au but. Le ballon circule surtout au milieu du terrain.

Le rythme du jeu est également cassé par les fréquents changements effectués par le *coach* des Bulldozers. Avec sept remplaçants, il a décidé de faire rouler ses effectifs. Il cherche à profiter au maximum de la fraîcheur et de l'énergie de ses joueurs. François n'est pas convaincu que c'est le meilleur choix à faire. Trop de changements peuvent aussi nuire à la cohésion et à la performance d'une équipe.

Alors que son opposant demande un troisième changement, François appelle son premier. Il fait sortir Hugo, Jorge et Zack, qu'il remplace, poste pour poste, par Angélique, Katerina et Charlotte. Ses joueuses sont positionnées en triangle, avec Yoann en soutien.

En voyant arriver les filles, les défenseurs des Bulldozers se disent que la pression va sûrement être moins forte que celle appliquée par les garçons. Sans s'en apercevoir, ils relâchent leur concentration. François le détecte aussitôt. C'est exactement ce qu'il espérait.

Ses joueuses profitent de ce moment de flottement. Yoann passe à Katerina qui, de l'extérieur du pied, redirige le ballon vers Angélique. Elle sprinte vers le but, talonnée par deux défenseurs. Pour couvrir l'angle de tir, le gardien avance de quelques pas et se déporte vers la gauche. Angélique tire à bout portant. D'un arrêt réflexe, le gardien repousse le ballon. Charlotte, qui a suivi l'action, se décale vers la droite et le récupère.

Du coin de l'œil, elle entrevoit le gardien et ses défenseurs qui courent dans sa direction. Elle ne panique pas. D'un tir sec et précis, elle expédie le ballon derrière la ligne blanche. BUT ! C'est l'explosion de joie chez les parents des Rebelles. Philippe, Akim et Anthony font la vague. Les Rebelles prennent l'avantage et gardent leur avance jusqu'à la mi-temps.

La stratégie a été payante. François est fier de son équipe. À la pause, il prépare ses joueurs pour la suite :

— Bravo pour cette première demie, c'est une superbe performance ! On mène, mais il ne faut pas vous relâcher. De leur côté, ils vont tout tenter pour égaliser. Restez disciplinés et concentrés. Si vous tenez bon, dans trente-cinq minutes, vous levez la coupe !

Dès la reprise, l'intensité s'élève et les contacts deviennent plus virils. Ce qui est inévitable dans une finale. L'essentiel est que l'arbitre conserve le contrôle du match.

François commence à en douter lorsque, d'un solide coup d'épaule, l'avant-centre des Bulldozers sort Antoine du terrain. Le garçon s'étale dans l'herbe, pendant qu'un murmure de protestation s'élève des spectateurs.

François s'indigne :

— Mais, Madame l'arbitre, c'est une faute ! Pourquoi vous ne sifflez pas ? C'est un coup franc pour nous ! Un coup d'épaule de cette force, ce n'est pas légal !

L'arbitre laisse l'action se poursuivre, imperturbable. L'attaquant, surpris de ne pas être sanctionné, profite de l'hésitation d'Annabelle pour égaliser. C'est 1 à 1. C'est aux parents des Bulldozers d'exprimer leur satisfaction.

— Non ! se lamente François. Vous ne pouvez pas accorder de but à la suite d'une telle infraction ! C'est injuste !

L'arbitre s'approche de la ligne de touche et fait signe à François de se taire.

— Ce but n'est pas valable, vous le savez très bien ! Ça n'a aucun sens.

Pour le calmer, elle fait mine de sortir un carton de sa poche. François se tait et ravale sa salive.

Le jeu reprend. L'injustice flagrante dont ils viennent d'être victimes décuple la détermination des Rebelles. Il n'est pas question de perdre cette finale à cause d'une erreur d'arbitrage. Les joueurs repartent à l'assaut du but adverse, bien décidés à reprendre l'avantage. Ils disposent de vingt-cinq minutes pour y parvenir.

Quelques instants plus tard, Quang redonne l'espoir à son équipe. Après une rentrée de touche faite par Jorge, l'ailier profite d'un rebond capricieux de la balle pour la lober par-dessus le gardien de but. À quinze minutes de la fin, les Rebelles reprennent le contrôle du match.

Mais les Bulldozers n'ont pas dit leur dernier mot. En bloc, ils se relancent à l'attaque. Regroupés en défense, les Rebelles résistent. Plus que dix minutes à tenir. Ils sont fatigués, nerveux. Leurs parents les encouragent.

Bien décidé à égaliser avant la fin du temps réglementaire, l'ailier gauche des Bulldozers tente une percée. Balle au pied, il s'engouffre dans la surface de réparation et se dirige vers Martin, qui se prépare à l'intercepter. Soudain, l'attaquant chute et crie en se tenant la jambe. L'arbitre siffle aussitôt et désigne le point de *penalty*. Martin n'en croit pas ses yeux :

— Mais... Je ne l'ai même pas touché ! Il s'est laissé tomber, exprès.

Sourde à ses protestations, l'arbitre sort un carton rouge et expulse Martin du match.

— Quoi ? Mais je n'ai pas fait de faute. C'est lui qui s'est jeté par terre en faisant semblant de se blesser. C'est un tricheur !

Forcé de quitter le terrain, Martin est rejoint par François :

— Que s'est-il passé, Martin ? C'est toi qui as fait trébucher ce garçon ?

Les larmes aux yeux, Martin tente de retrouver son calme :

— Non, *coach*, je n'ai rien fait ! Il est tombé tout seul pour faire croire que je l'ai poussé et pour gagner un *penalty*.

François est furieux. L'explication de Martin lui confirme ce qu'il pensait avoir vu. Sur le bord du terrain, il s'en prend à l'arbitre :

— Ouvrez donc les yeux, Madame l'arbitre ! C'est à ce garçon que vous devriez donner un carton pour simulation. Il s'est jeté au sol pour faire croire à une faute et influencer votre jugement. Et vous, vous tombez dans le panneau et vous le récompensez par un *penalty* ! C'est révoltant !

Encouragé par les commentaires de plusieurs parents, François continue à protester. Agacée, l'arbitre se dirige vers lui d'un pas rapide. Arrivée à sa hauteur, elle le regarde droit dans les yeux et lui administre à son tour un carton rouge.

13

Jusqu'au bout!

Les joueurs n'en reviennent pas. Leur *coach* est expulsé ! François doit quitter le terrain. Il reprend ses esprits et s'adresse à Zack :

— Je compte sur toi pour t'occuper de l'équipe, mon gars. Tu sais quoi faire. Il reste très peu de temps à jouer, ne lâchez pas !

Il se retourne ensuite vers l'arbitre :

— Quant à vous, votre arbitrage laisse vraiment à désirer. Je vais rédiger un rapport et me plaindre à la ligue et à la fédération de soccer du Québec. Nous n'en resterons pas là, je vous l'assure.

François se dirige vers le stationnement pour attendre la fin du match, accompagné de Martin. Il espère que ses Rebelles vont tenir le coup. Il sait qu'ils en sont capables.

Sur le terrain, le jeu reprend. Annabelle doit faire face à un autre *penalty*. Elle déteste ça. Le coup de sifflet strident déchire le silence. La gardienne bondit vers la gauche, l'attaquante tire vers la droite. BUT !
Avec moins de cinq minutes à l'horloge, les compteurs retombent une nouvelle fois à zéro. C'est 2 à 2.

À la demande de son *coach,* Zack prend les choses en main. Après l'expulsion de Martin, les Rebelles ne sont plus que huit sur le terrain. Avec trois minutes à faire, le garçon décide de jouer le tout pour le tout. Il envoie les trois filles à l'attaque. Derrière elles, Jorge,

Yoann et lui ont pour mission de les alimenter en ballons. En retrait, *Bigfoot* assure la défense à lui seul. Son rôle : intercepter et relancer. Personne ne doit passer.

— Foncez sur tous les ballons, les filles. Multipliez les courses et les actions autour et dans la surface de réparation. Il faut leur mettre un maximum de pression pour les obliger à faire des fautes. De notre côté, on se charge de les garder dans leur moitié de terrain et de vous distribuer le ballon.

En s'adressant à Rodrigue, il ajoute :

— Et pour y arriver, je compte aussi beaucoup sur toi, mon ami. Il faut que *Bigfoot* impressionne l'adversaire et le repousse comme jamais.

— Tu peux compter sur moi. S'ils tentent de s'approcher d'Annabelle, ils vont sentir trembler la terre !

— *Let's go*, les Rebelles ! crie Yoann. On applique le plan de Zack et on va chercher la victoire !

Dès la mise au jeu, les Rebelles s'installent dans le camp adverse. Ils tournent autour du but comme des abeilles autour de leur ruche. Les Bulldozers sont étourdis et deviennent nerveux, hésitants. À leur tour, ils ont peur de commettre une faute et d'accorder un *penalty*.

La dernière minute se passe dans une folle ambiance. Le rythme de jeu est endiablé. À l'exception d'Annabelle, tous les Rebelles se portent à l'attaque. Montée dans le rond central, la gardienne assure leurs arrières. Dans cette position, elle redevient une simple joueuse. Les Rebelles persistent. Ils sont explosifs.

L'arbitre regarde sa montre. Il ne reste qu'une trentaine de secondes à jouer. Yoann fait une passe en profondeur à Angélique qui, balle au pied, s'engouffre dans la surface de réparation. Bousculée, elle chute. L'arbitre siffle. *Penalty* !

La jeune fille reprend son souffle, puis rajuste ses lunettes de protection. Elle se relève en se massant le genou. Zack se dirige aussitôt vers elle :

— Ça va, Angélique ? Tu es blessée ?

— J'ai juste un peu mal, mais ça va aller.

— Tu veux le tirer ? demande-t-il en désignant le point de *penalty*.

— Avec mon genou, je ne préfère pas. Prends-le, toi.

Zack a subitement très chaud. Il se souvient de son *penalty* manqué à la finale de la Coupe régionale, l'été dernier. Son cœur se serre. Il ne veut surtout pas revivre ça.

Trop tard, la machine est lancée.
Ses coéquipiers l'encouragent et les parents scandent son prénom.

Zack place son ballon. Tous se taisent.
Bigfoot murmure :

— Vas-y, mon lynx grognon. Offre-nous ce beau trophée !

Ce petit clin d'œil à leur rivalité de la première saison des Rebelles fait sourire Zack et l'aide à se détendre.
Il est prêt.

Le sifflet retentit, Zack s'élance. Le tir est net et précis ! Aucun gardien ne peut arrêter un ballon aussi puissant au ras du poteau.
Les trois coups de sifflet sonnent la fin du match. Le score final est de 3 à 2.

Le buteur est aussitôt soulevé de terre, agrippé par une douzaine de mains. À bout de bras, les joueurs de son équipe le portent et tous le félicitent. Parents et autres spectateurs font un boucan d'enfer, déchaînés. Tout le monde crie son prénom.

Sur le dernier jeu du match, Zack a donné la victoire à son équipe. Il n'en revient pas : les Rebelles remportent la Coupe des Aigles !

Épilogue

Pour fêter leur victoire, François a invité tout le monde à faire un barbecue chez lui. Sa piscine est petite, mais, par cette belle journée ensoleillée, elle fait le bonheur des nouveaux champions.

Les parents et l'entraîneur discutent, installés sur le patio.

— Je m'en souviendrai longtemps, de ce tournoi, avoue la mère d'Antoine. Cette compétition nous a tous fait vivre de grandes émotions.

— C'était excitant jusqu'à la dernière minute, confirme le père de Zack. J'adore le soccer !

— Que pensez-vous du *penalty* qu'on nous a accordé à la toute fin du match, *coach* ? demande le père de Yoann.

— La décision était discutable, répond François. Mais j'étais un peu loin de l'action pour en juger. J'ai demandé à Angélique de me raconter ce qui s'était passé, et elle m'a confirmé qu'il y a bien eu contact. Mais elle croit que c'était involontaire de la part de la joueuse adverse. Emportées dans leur élan, les deux filles se sont cognées par accident, d'après Angélique. Elle a été surprise que l'arbitre siffle une faute.

— L'arbitre a-t-elle accordé un deuxième *penalty* par erreur ? s'interroge la mère d'Annabelle.

— Je ne crois pas, reprend le *coach*. D'où elle était placée, elle a vraiment cru voir une faute. Et cette fois, la décision a joué en notre faveur. C'est aussi ça, le soccer !

Dans la piscine, les joueurs parlent du même sujet.

— Tu m'as impressionné, Zack ! Ton tir était parfait ! s'exclame Antoine.

— De toute beauté ! confirme Rodrigue.

— Beaucoup plus beau que toi, en tout cas, s'esclaffe Charlotte.

— Quoi ? Mais c'est un manque de respect envers un coéquipier ! s'indigne Jorge en souriant.

— C'est inadmissible ! renchérit Katerina, en agitant l'index.

— In-to-lé-ra-ble ! ajoute Hugo, qui lutte pour ne pas éclater de rire.

— Ça mérite qu'on la coule, lance Annabelle. À l'attaque !

La mère de Lucien désigne la piscine à François, amusée :

— S'ils continuent de cette façon, ils vont vous la démonter, votre piscine.

— Ce n'est pas grave, elle en a vu d'autres. L'important, c'est qu'ils aient du plaisir à jouer ensemble, comme une vraie bande d'amis.

Deux coups de klaxon retentissent soudain. Les parents et les joueurs s'interrogent du regard.

Hugo et Antoine sont les premiers à réagir :

— C'est Alexis ! Il est de retour !

Tous ses amis l'entourent et le bombardent de questions. C'est la fête !

— Ça y est, notre petit « Colombien » est revenu ! se réjouit le *coach*. Juste à temps pour commencer le championnat d'été, dans six jours !

Dans la cour, les Rebelles ont déserté la piscine et ont sorti un ballon. Pieds nus et en maillot de bain, ils improvisent un match, sous le regard amusé de leurs parents.